カトリーヌちゃんの サイコロ

ソシオン理論で読み解く人間関係

関阪千里 著
ソシオンジュニア研究会 監修

北大路書房

まえがき　〜この本の使い方〜

この本は、人間関係の心理学について学習するための手がかりとして使ってもらうために書かれています。といっても、かたくるしい教科書ではありませんし、学者の名前がずらずらと出てくるような学説紹介の本でもありません。

心理学は、人間のこころや感情をあつかう学問です。こころや感情の動きは、実験室のなかでしか観察できないものではありません。私たちは、ふだんの生活のなかで、いろいろな感情をいだいたり、こころが揺れ動いたりしています。そういう、日常のちょっとしたこころの動きに目を向けることも、心理学の営みの重要な部分になります。

おそらく、学者の名前や学説の歴史を勉強するのは後回しにするほうが、楽しく心理学が学べるはずです。心理学の中身を図書館に並んだ本のなかに探しにいくのではなく、私たちの日常生活のなかに探しにいくこと。それが心理学を楽しく学ぶコツといえるでしょう。

さて、この本では、カトリーヌという女の子が成長する過程で出くわすさまざまな問題が描かれています。カトリーヌが悩んだり、とまどったりするなかに、じつは心理学の視点が織り込まれています。ただし、だからといって、カトリーヌの物語を読めば自然に心理学の知識が身につく、というわけではありません。カトリーヌが悩んでいる問題について、読者のみなさんもいっしょに悩んだり考えたりしながら読んでください。ときにはカトリーヌの問題を自分自身に当てはめてみて、そのつど立ちどまって考えることが大切です。それが、この物語に隠された心理学に気づくきっかけとなるでしょう。「人間関係が難しいのは、いったいどうしてなんだろう?」。そういう疑問をもつことが、日常生活のなかの心理学を学ぶ最初のステップになります。

ここで使われている心理学は、「ソシオン理論」という新しい理論にもとづくものです。ソシオン理論は、心理学と社会学という二つの学問領域をカバーする人間関係の科学を目指しています。人間は、他人といっしょに社会をつくって生活しています。他人との関係で、楽しいこともあれば嫌なこともあります。こころの動きは、社会のなかでの他人とのかかわりによって変化していくのです。

私たちは、家族との人間関係、友人や仲間との人間関係、アルバイトや職場での人間関係、隣近所や町内会での人間関係、あるいは都市の雑踏ですれ違う他人との関係など、さまざまな人間関係のなかで生きています。これら人間関係のネットワークをベースとして、個人や社会について考えるのがソシオン理論の特徴です。

ソシオン理論の分析モデルは、「私」「あなた」「私が見たあなた」「あなたが見た私」「私が見たあなたが見た私」「あなたが見た私が見たあなた」といったややこしい(!)関係を形式的に整理して、演算的に分析するという手続きで人間関係を解明しようとするものです。

この本では、章ごとに、ソシオン理論の視点に対応する「まとめ」と「EXERCISE」が付けられています。「まとめ」として整理された項目を念頭に置いて、もういちどその章を読みかえしてみると、「ふむふむ」「なるほど」と思えるところが出てくるかもしれません。また、巻末の「EXERCISE」は、カトリーヌの直面した問題を、読者のみなさん自身の問題として、あらためて考えるためのレッスンとして利用できるようになっています。

ソシオン理論について、もっと詳しく知りたい人は、本書の姉妹編ともいうべき、『ソシオン理論入門』をあたってみてください。じつは、この本で潜在的に語られていることは、『ソシオン理論入門』でより明確かつ精密に論じられています。本書の各章の「まとめ」と「EXERCISE」、それから各節のタイトルの下にあるキーワードは、『ソシオン理論入門』と対応するようになっています。本書では、主に人間関係の心理学をあつかっていますが、『ソシオン理論入門』では、人間関係の心理学だけでなく人間関係の社会学についても詳しく説明されています。

『カトリーヌ』は、『ソシオン理論入門』へのイントロダクションであると同時に、『ソシオン理論入門』で示された理論の応用編でもあります。机の上に『カトリーヌ』と『ソシオン理論入門』を並べて、行きつ戻りつしながら二冊の本を読んでいくと、ソシオン理論にもとづく人間関係の科学についての理解がいっそう深まることでしょう。もちろん、どちらの本も、一冊だけで読んでも十分に楽しい内容になっているはずです。

この本は、考えるためのきっかけや、考えを整理するためのツールを提供することを目指しています。本を読むだけですべてがわかるわけではありません。大切なのは、読んだ本の内容について自分自身であらためて考えてみることでしょう。そこでどれだけ思考が促されたかということが、あなたにとっての、その本の価値を決定するのです。この本は、答えそのものとしてではなく、答えを見つけるための手段として、思いきり活用してくださいね。

ソシオンジュニア研究会

二〇〇六年三月

◉もくじ

イラスト　野添貴恵

カトリーヌちゃんのサイコロ◉ソシオン理論で読み解く人間関係

主要登場人物

カトリーヌ・カジュー

主人公。目が青く茶髪で、髪の毛はつねに肩にかかるぐらいの長さ。子供のころは活発で、一輪車が得意だった。高校では演劇部に所属、パントマイムに興味をもつ。大学は文学部の心理学専攻を選択し、同じゼミで出会った北大路陽平と交際。学生の間は花屋でアルバイトをしていたが、卒業後は派遣社員として少しの間働いていた。その後、学生時代からの恋愛を実らせ、陽平と結婚、２人の子供に恵まれる。

ウメ子

カトリーヌの幼なじみ。成長するにつれて、人間関係に対する洞察の深さを示すようになる。もんじゃ焼きがきらい。

ピエール・カジュー

カトリーヌの父。国際線のパイロットで、家を長くあけることが多かった。特技は手品。

彩子・カジュー

カトリーヌの母。元フライトアテンダント。旧姓葛城。

大介・カジュー

カトリーヌの弟。昆虫図鑑が大好きで、ファーブルにあこがれていた、少しおとなしい子供だった。その後、地下鉄の運転手になる。

北大路陽平

大学でカトリーヌと出会い、卒業後、結婚する。ジャグリングが好きで、演劇研究会のパフォーマンス部に所属していた。食品メーカーの営業職として勤務、その後何度か転職を経験する。

北大路太一

カトリーヌの長男。第一子。少年サッカーで活躍。

北大路千里

カトリーヌの長女。キャッチボールでキャッチが得意、という変わった女の子。ソフトボールを続けている。将来、結婚して関阪姓になる。ソシオン理論、とくに社会的実在性や関係論的存在論に興味をもっている。

プロローグ

天国には、神様と天使がいます。

天使は、神様につくられます。天使は、天国と現世をなんども行き来して、一人前になっていくのです。

天使の仕事は、ひとりの人間が生まれてから死を迎えるまで、ずっと見守ることです。

生まれたばかりの見習い天使は、まだ人間のことをよく知りません。だから、ひとりの人間の一生を見守ることで、いろんなことを学んでいくのです。そして、その人が死んだ後、たましいを天国につれてかえる案内役になります。

ある日、ひとりの天使が生まれました。

神様は、その天使に語りかけます。

「さぁ、誰かの人生を見届けて、幸せにしてあげてごらん。
人間の幸せについて、しっかり勉強しておいで」

「さぁ、誰かの人生を見届けて、幸せにしてあげてごらん。もちろん最後は、おまえがその人のたましいを天国につれてくるんだよ。けっして不幸にしてはいけないよ、たましいが地獄におちてしまうからね」

「はい、わかりました。せいいっぱい、がんばります」

「おまえが担当するのは、おまえと同じ日、同じ時間に生まれたこの子だよ。どうやらカトリーヌと名づけられたようだね。さぁ、人間界におりていって、人間の幸せについて、しっかり勉強しておいで」

こうして、天使はカトリーヌを見守ることになりました。

幼いカトリーヌは、ある夜、ベッドの後ろに隠れていた天使を見つけてしまいました。

「あら、あなたは誰なの？」

「うわっ、しまった、見つかっちゃった。しかたがないな。ワタシはね、あなたを見守る天使なんだよ、カトリーヌ」

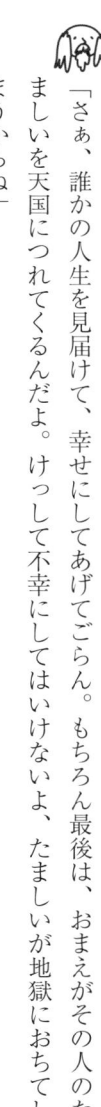

「そう、あなたのお名前は『てんし』さんなのね」

「いや、天使は名前じゃないんだ。えーっと……」

「名前はないの？　じゃあ私がつけてあげるわ。そうね、あなたは、シオンちゃん。シオンちゃんと呼ぶわ。私たちはお友だちね」

こうして、カトリーヌは、天使とお友だちになりました。

カトリーヌと天使シオンのお話を、私たちもいっしょに見ていきましょう。

「名前はないの？　じゃあ、そうね、あなたは、シオンちゃん。
シオンちゃんと呼ぶわ。私たちはお友だちね」

1章　本当の私はどこ？

カトリーヌは、小学生になりました。

幼いころは天使と遊んでいたカトリーヌも、最近は学校のお友だちと遊ぶことが多くなりました。
でも、困ったときには、ついつい天使に頼ってしまうようです。

知らないうちにやっていること　【ジョハリの窓、無意識】

遊んでいたおもちゃを片づけずに、そのまま出しっぱなしにしていたカトリーヌは、お母さんに怒られてしまいました。カトリーヌはしょんぼりして、おぼろげに見える天使に向かって、語りかけるともなくつぶやきます。

「グスン。グスン。もうママったら、あんなに怒らなくてもいいのに。私ももう六歳で小学生のお姉ちゃんなんだから、自分で自分のことはちゃんとできるのに。さっきのおもちゃだってあとでま

た遊ぶかもしれないから、そのまま置いておいただけなのに。ママったら、本当にいっつも私に『ああしなさい』『こうしなさい』って命令ばっかりするんだもん。ママなんかもう知らない！」

「どうしたの、カトリーヌ？　そっか、さっきお片づけしてなくてお母さんにすごく怒られちゃったから、そんな顔してすねてるんだ」

「何よ、シオンちゃんまで。ママの味方して！」

「でも、カトリーヌ。お母さんはカトリーヌにちゃんとしたいい子になってほしいから怒っているんだよ」

「ふん。ほっといてよ。自分のしたいことは自分が一番よくわかってるんだから、したいようにさせてほしいんだもん」

「カトリーヌは、もう六歳だから自分のことは自分でできるし、自分のことは自分が一番わかっているっていうけど、本当にそうかなぁ」

「そうよ。そうに決まってるわ。そんなの当たり前じゃない」

「でも、カトリーヌはよくお母さんに、ツメをかんじゃダメって、怒られているじゃない」

「そうよ。私はツメをかんじゃダメって、いつもママに怒られてるわよ。でも、私だってツメをかんじゃダメってことぐらいわかってるの。シオンちゃんまで、ママみたいに、いちいちそんなこといわなくったっていいじゃない！」

「ゴメン、ゴメン。怒らないで、カトリーヌ。ワタシがいいたいのは、ツメをかむのがいけないっていうことじゃないの。あなたがツメをかんでるとき、それを自分でわかっててしてるのかってことなの」

「えっ？　ツメをかんでるとき、わかっててしてるかって？」

「そう。よく考えてみて」

「うーん。どうかなあ。そういえば、ツメをかんでママに怒られるのは、いっつも一生懸命お絵描きしてるときや、字を書く練習してるときだなぁ。そんなときは、どう描こうか一生懸命で、わ

ざとツメをかもうなんてしてないや」

「そうでしょう。人間って、ふだんは、私のことは私が一番よくわかっている、そんなの当たり前だ、と思いこんでるけど、よく考えるとそうじゃないかもしれないよ。ほら、お母さんだって、この前お出かけするとき、『ちゃんと忘れずにウチの鍵をかけたかしら』と、せっかくバス停まで行ったのに、わざわざ戻って確認したじゃない。それで、戻ってみたら、『なーんだ、ちゃんと鍵かけてたじゃない。やるじゃん、私！』ってことあったでしょう。出かけるときには鍵を閉めるみたいな、いつもどおりの行動でも、人間は知らないうちにやってることが多いのよ」

「うーん、そっかあ。確かにシオンちゃ

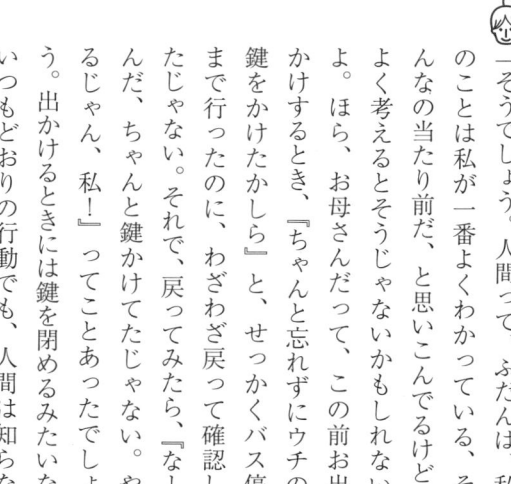

んのいうとおりかもしれないなあ。でも、クセや鍵をかけたのを自分で気づいていないっていうだけで、そんなこといいきれない気もするけど。ああよく考えると、なんだか自分ってややこしそうだなあ」

自己紹介って難しい

【精神的自己・物質的自己・社会的自己】

カトリーヌも春からいよいよ小学校五年生。クラス替えもあって、幼稚園からこれまでずっとクラスがいっしょで仲のよかった、ウメ子ちゃんやトリ子ちゃんともべつべつのクラスになりました。新しいクラスに、ちょっとドキドキのカトリーヌです。ホームルームが始まり、先生が話しかけます。

「みなさん、今日から新しくいっしょに勉強することになったお友だちもたくさんいるので、これからお互いに自己紹介してもらいます。まず、はじめに名前をいってから、つぎに自分の好きなものや得意なことと、自分の性格について教えてください。そのあとは自由に自己紹介してくれてかまいません。では、アイウエオ順でしてもらいましょう。青木くんからお願いします」

「えーっと、青木てつおです。ぼくは、サッカーが好きです。ラーメンも大好きです。性格はとっ

ても明るいです。よろしくお願いします！」

「はい、青木くん、ありがとう。じゃあ、つぎは石田さんね」

「石田まい子です。わたしはピアノが好きで、三歳のときから今までずっと習っています。ひとりっ子で、性格はちょっと恥ずかしがりやです。あと、誕生日が二月なのでまだ九歳です。みなさん、仲よくしてください」

みんなが自己紹介をしているなかで、カトリーヌは、ひそひそ声で天使に話しかけています。

「ねえねえ、シオンちゃん、シオンちゃん。先生は、好きなものと性格をいったら、あとは自由にどうぞっていってたけど、何をいえばいいかなあ？」

「そうだよね、自分を紹介するときに何をいったら自分のことがちゃんと説明できるかって難しいね。先生がいったように、自分の好きなものや性格っていうのは、自分にとって大事な部分だよね。でも、それだけじゃ自分を説明したことにはならないんだ。カトリーヌは、ほかの子と違うからあんまり好きじゃないっていうけど、やっぱり、お父さんに似たその青い目やその茶色のカールした髪の毛がカトリーヌらしさだし、それから、弟の大介のお姉ちゃんっていうのは、世界のなかでカ

トリーヌだけだよね。そういうふうにほかの人と自分がどうつながっているのかも自分にとって大事な部分じゃない？」

「そっか。自分の見た目や性格や得意なことも自分の一部だけど、それだけじゃなくて、大介のお姉ちゃんっていうのも大切な私の一部かあ。ありがとうシオンちゃん」

「はい、ありがとう石田さん。じゃあ、つぎはカジューさんの番ですね」

「私はカトリーヌ・カジューです。一輪車が得意です。負けず嫌いな性格です。私は、お父さんがフランス人なので、髪の毛が茶色です。でも、フランス語も英語もしゃべれません。弟の大介は三年生で虫好きです。まだちっちゃいくせに生意気で、いつもケンカばっかりしているけど、わたしにとっては大切な弟です」

コミュニケーションのすれ違い

【Pモード／Cモード、私Ⅰ・私Ⅱ・私Ⅲ】

ようやく新しいクラスにも慣れてきたカトリーヌ。最近、なんだか前の席の青木くんのことが気になります。話しているとドキドキするし、顔を見られると、どうも恥ずかしくて、ちょっぴり赤くなってしまいます。これって、ひょっとして初恋かも……。

「ねえねえ、シオンちゃん。最近、私、青木くんのことが気になるの。こうしてる今だって、青木くんは何してるのかなあとかばっかり考えちゃう。それと、青木くんがカトリーヌのことをどう思ってるのかが、すっごく気になるの。髪の毛切ったけど似あってるって思ってくれてるかな、とか。ねえねえ、これって変かなあ？」

「ううん。それってぜんぜん変じゃないと思うよ。だって自分の大切な人からどう思われているかって、自分にとって大切だもん。これまでだってカトリーヌは、お母さんから『こんなワガママな子はもう知らない』っていわれたらすごく悲しくって、ごめんなさいって泣きじゃくって謝ったりしてたでしょう。それといっしょだよ。ただ、今度は、相手がお母さんみたいに絶対カトリーヌを好きだっていってくれるかどうか自信がないから、よけいに気になっているんだよ」

「そうか。変じゃないのか。よかった。でもやっぱり気になるのよねえ。青木くんのこと……」

つぎの日、学校で、授業が始まる前、消しゴムを忘れた青木くんに、カトリーヌが消しゴムを貸してあげていると、となりの席の高橋くんがはやし立てます。

「あー、青木、カトリーヌから消しゴム借りてるー。あー、わーかったぁ。青木はカトリーヌのこと好きなんだあー」

「ち、違うよ。俺が消しゴム忘れたっていったら、勝手にカトリーヌが渡しただけだよぉ。こんな髪の毛の茶色のやつなんか、好きなわけないじゃん。こんなの貸していらないから!」

青木くんは、いったん受け取った消しゴムを、カトリーヌの机にほうり投げました。

「えっ。ひどい。青木くん。せっかく貸してあげたのに」

カトリーヌはとても悲しくなって、でも泣いているのを誰にも見られたくないので、教室を飛び出してトイレに駆け込みました。

「ぐっすん、ぐっすん。何で青木くん、あんなひどいこというのかなぁ。せっかく消しゴム貸してあげたのに。最初はありがとうっていってたのに」

「落ち着いて、カトリーヌ。青木くんは、きっと高橋くんにひやかされて照れていただけだよ。きっと、カトリーヌのことが嫌いってわけじゃないよ。それに、ひょっとしたら高橋くんも、じつはカトリーヌのことが好きで、カトリーヌが青木くんと仲よくしているのが気に入らなくて、意地悪したんじゃないのかな」

「なんでシオンちゃんにそんなことわかるのよ。もしそうだったとしても、そんなことする高橋くんはすっごく嫌だし、そんな高橋くんのいうことをきいた青木くんも、信じられない。もうだいっきらい！　シオンちゃんもみんなだいっきらい！　あっちいって。ひとりになりたいの！」

「カトリーヌも、もう恋愛関係で悩む年頃になってきたのね。それじゃあそろそろワタシのことも見えなくなっちゃいそうね……」

まとめ

⚀ じつは「私のことは、私が全部わかっている」というのはマチガイです。

⚁ 「私」とは周囲の人のなかで育まれたもので、自分だけのものではありません。

⚂ まわりの人が「私」に対して抱いている印象や感情、これも「私」を形づくる大切な要素です。

2章　シーソーの運動法則

中学生になったカトリーヌ。

他人の目が気になりだす思春期です。カトリーヌは、自分と誰かを比較して、一喜一憂する感情にとまどう毎日を過ごしています。成長したカトリーヌには、もう、ふだんは天使の姿はすっかり見えなくなってしまいました。人間が成長していくと、天使の姿は見えなくなっていくのです。だけど、まだまだ子どものこころも残っているカトリーヌは、ときどき夢のなかで、天使に悩みをうちあけることもあります。

85点でうれしい？　がっかり？

【二者関係、シーソーのモデル、荷重最大化方略】

テストの点数が気になるカトリーヌ。今日は、苦手な数学のテストがかえってきます。

「いまから数学のテストをかえします」

「数学のテスト、いつも悪い点数ばかりだから、心配だなぁ」

「カトリーヌさん」

「はい、先生。きゃー！　八五点！　数学のテストで、私こんなにいい点とったのはじめてよ！ねえねえ、ウメ子ちゃん、トリ子ちゃん、あなたたちは何点だった？　私、八五点だったのよ、えっへん！」

「あら、私は九六点よ。こんどのテストは簡単だったよね」

「私は九九点だったわ。もうちょっとで一〇〇点満点だったのに残念だー」

「えー、なーんだ、ふたりとも私よりもいい点数じゃん。八五点くらいでよろこんでいた私がバカみたいじゃない」

「はーい。今回の数学のテストの平均点は、九五点でした。みなさん、よくがんばりましたねー」

「わーん、平均点が高すぎるよー。これじゃあ、せっかく数学のテストで八五点とったのに、ちっ

ともよろこべないよ。ぐすん」

天使は、その様子を眺めています。

「あらら、カトリーヌ、せっかく苦手な数学のテストでがんばっていい点数とったのに、落ち込んじゃった。どうしてなんだろう？　最初、みんなの点数を知らないときは、カトリーヌは八五点で満足していたよね。だけど、他の子たちが自分よりもいい点数をとっているのがわかったとたん、がっかりしたんだ。……っていうことは、カトリーヌは他人の点数と自分の点数をくらべて、よろこんだり落ち込んだりしているんだな。人間のよろこびや悲しみは、他人との比較から生まれる感情なんだ」

「あーあ。今日はくやしかったな。どうしてこんなにくやしいんだろう。もうさっさと忘れて、寝てしまおうっと。ムニャムニャ……」

その日の夜、眠りについたカトリーヌは、夢のなかで天使に会いました。

「ねえねえ、シオンちゃん、私ね、今日はとってもくやしかったの。せっかく数学のテストでいい点数をとったのに、ウメ子ちゃんもトリ子ちゃんも私よりいい点数だったし、クラスの平均点も私

よりずっと上だったから、うれしいはずのことがくやしいことになっちゃった。どうしてこんなふうに感じるのかな？」

「苦手な数学のテストで八五点もとったんだから、もっと素直によろこんだっていいはずなのにね。カトリーヌは、ウメ子ちゃんやトリ子ちゃんと自分をくらべて、負けていたからくやしいんだよね」

「そうなの。私、負けず嫌いだもん。国語のテストでは、ウメ子ちゃんにぜったい負けないのになー」

「勝つとうれしいし、負けるとくやしいものね。なんだかシーソーみたいだね。カトリーヌが勝ってうれしいときは、ウメ子ちゃんは負けてくやしくなるし、ウメ子ちゃんが勝ってうれしいときは、カトリーヌは負けてくやしくなるんだ」

「あら、ほんと！　まるでシーソーみたい」

「よろこんだり、くやしがったりするのは、シーソーの高い低いによって決まってくるんだね」

「私、ずーっと勝ちつづけていたいわ。シーソーの下になりたくないもの」

「そのためには、努力してがんばるしかないんだよ」

「でも、シーソーだったら、自分よりも弱い人ばかり見つけてくれば、いつでも私は勝ちつづけていられるはずでしょ」

「うーん。たとえば、テストだったら、自分よりもいい点数の人じゃなくて、自分よりも悪い点数の人とだけくらべるってこと？　確かにそうだけど、でも、それってちょっと後ろ向きじゃないかなぁ。ちゃんと努力しようよ」

「努力するのはきらいだなー」

「そんなこといわずにさ、コツコツまじめに生きようよ。カトリーヌには幸せな人生を送ってほしいんだから」

「カトリーヌ！　朝ですよ！　早く起きなさーい！　遅刻するわよー！」

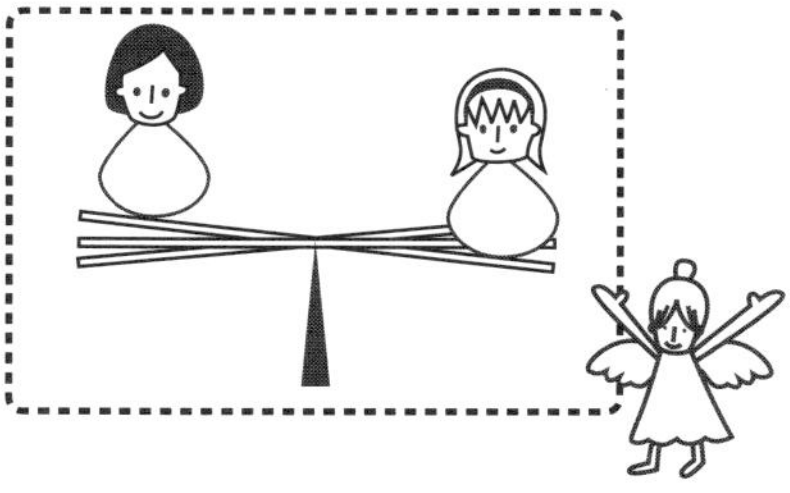

「ムニャムニャ、眠いなあ。はーい、ママ。なにか夢を見ていたような気がするんだけど、なんの夢だったかしら」

「アイツさえいなければ……」

【ルサンチマン、感情のキューブ】

ある日、郊外住宅地のなかのひと気のない公園で、男の子がひとり言をつぶやいています。カトリーヌと同じクラスのコウジくんです。

「ああ、いとしのカトリーヌ、カトリーヌ。世界中のどんなきれいな花を集めても、君の美しさにはかなわないよ。ああ、カトリーヌ、カトリーヌ。カトリーヌちゃん大好きだー！　だけど、タカシくんもカトリーヌちゃんのことが好きなんだよな。カトリーヌちゃんは、僕とタカシくんのどっちが好きなんだろう。ああ、もしカトリーヌちゃんが僕よりもタカシくんのことが好きだったら、僕はもう悲しくて生きていけないや。ああ、カトリーヌ、カトリーヌ……」

「コウジくんは、カトリーヌのことが好きなんだな。だけど、カトリーヌが好きなのは、タカシくんなんだよね。このところ、タカシくんといつもいっしょにいるもんね。三角関係だけど、たぶんコウジくんの恋は、泡となって消えるんだろうな。もうちょっと様子を見てみよう」

そこに、カトリーヌがとおりかかりました。

「コウジくん、こんにちは。ひとりで遊んでいるの？」

「やあ、カトリーヌちゃん、こんにちは。なになに、どこかに行くのかい？」

「私、いまからタカシくんとふたりで遊びに行くんだ。ほら、お弁当つくったの。いいでしょ。じゃあね、バイバイ」

「あ、あ、あ、カトリーヌちゃん、ちょっと待ってよー。あーあ、行っちゃった。なんだよ、タカシのやつ、いつのまにカトリーヌちゃんとふたりで遊びに行く約束なんてしていたんだろう。くやしいな。僕もカトリーヌちゃんといっしょに遊びに行きたいよー。あーあ、寂しさがつのるなぁ」

そのあと、コウジくんはトボトボとうつむき加減で歩きながら、塾に向かいました。やがて日も暮れて、塾から帰ってきたコウジくんは、夕暮れの公園でひとり、空き缶を蹴飛ばしながら、カトリーヌのことを考えているようです。

「カトリーヌちゃん、どうして僕ではなくてタカシくんといつもいっしょに遊ぶんだろう。やっぱ

りカトリーヌちゃんはタカシくんのことが好きなんだろうか。あーあ、僕はひとりぼっちだ」
そこに、カトリーヌとタカシくんがとおりかかりました。はためにも、仲むつまじいふたりです。

「ウフフ」

「アハハ」

「タカシくん、きょうはとっても楽しかったわ」

「うん、楽しかったね、カトリーヌちゃん」

「また、ふたりで遊びに行こうね」

「うん、またね」

「コウジくんにはかわいそうだけど、カトリーヌが好きなのはタカシくんなんだよ。コウジくんも、いさぎよく、あきらめがつけばいいんだけど」

コウジくんは、帰っていくふたりの姿を遠くから見つめて、くやしがっています。

「キーッ！　くやしい！　なんだよ、ふたりであんなに楽しそうにしてさ。タカシさえいなければ、きっとカトリーヌちゃんは僕といっしょに遊びに行っていただろうに。タカシさえいなければ、タカシさえいなければ、タカシさえいなければ……」

「わー、コウジくん、すっかり嫉妬で気がおかしくなっちゃった。カトリーヌも罪深い女の子だ」

くやしまぎれに空き缶を蹴っ飛ばしたコウジくん。蹴っ飛ばした空き缶が木に当たって跳ね返って自分の頭にぶつかってしまいました。

「イテッ！　ちくしょう、空き缶まで僕をバカにしゃがって。だいたい、カトリーヌもカトリーヌだよな。タカシなんてつまらないやつと遊んで楽しそうにしてるんだから。タカシよりも僕のほうがナイスガイなのに。キーッ！　なんだかあのふたりが楽しそうにしているのが、にくたらしく思えてきたぞ。よし、もうこうなったら、あのふたりの仲をひき裂いてやろう。イッヒッヒッヒ。ア

ツアツぶりを見せつけやがって、いまにみてろよ。僕の力を思い知らせてやるさ。イッヒッヒッヒ」

「なんだか不穏なことになってきたぞ。カトリーヌの身に危険が及ばなければいいけれど……。そうか！　わかったぞ！　コウジくんの気持ちもシーソーなんだ。タカシくんとコウジくんがシーソーに乗っていて、カトリーヌをめぐって争っているんだ。コウジくんはふたりの仲をひき裂いて、タカシくんをひきずりおろせば自分が上になれると思っているんだ。でも、ふたりの仲をひき裂いたりしたら、カトリーヌはますますコウジくんが嫌いになるだろうから、けっきょくコウジくんはカトリーヌをふり向かせることはできないんだろうな。つくづく人間って、面倒な存在だね」

そんなふうにコウジくんが嫉妬の炎を燃やしていることに気づかないカトリーヌとタカシくんは、無邪気に手をつないで歩いています。

「大丈夫かなぁ。他人の悪意に気づかないのは、純粋なこころをもってるからなんだけど、この人間界で生きていくには、カトリーヌももっとたくましさを身につけないとだめだなぁ。だけど、せいぜいワタシにできるのは、カトリーヌに危険が及ばないように見守ることぐらいなんだよね。人間界になるべく手を出しちゃいけないって、神様にいわれているんだもの。でも、考えてみると、コウジくんもかわいそうだなぁ。もともと悪い子じゃないんだけど、ちょっと嫉妬心が強くなりすぎちゃったんだな。コウジくんには、天使の姿が見えるかな」

「そうか！　わかったぞ！　コウジくんの気持ちもシーソーなんだ。タカシくんをひきずりおろせば自分が上になれると思っているんだ」

天使は、一瞬だけ、コウジくんの前をとおりすぎました。そのとき、ちらりとコウジくんは、やさしくほほえむ天使の姿が見えたような気がしました。

「あれ、いま、何かちいさくてやさしくほほえむ天使の姿が見えたような気がしたけど、気のせいかな。はぁ。だけど、なんだかいつまでもくやしがっているのも、こっけいな気がしてきちゃった。カトリーヌが楽しそうにしているんだから、いいじゃないか。仲をひき裂いてやろうなんてバカなことを考えちゃったけど、僕は僕の幸せを見つければいいんだ。うん、そう考えたほうが気持ちがいいや！」

やさしいこころをもっている人は、天使を見ることができるといわれています。でも、ほんとうは、天使の姿を見た人が、やさしいこころをもつようになるのかもしれません。

「傾きすぎたシーソーが、もとのバランスを取り戻したね。コウジくんが冷静になってくれてよかったよ」

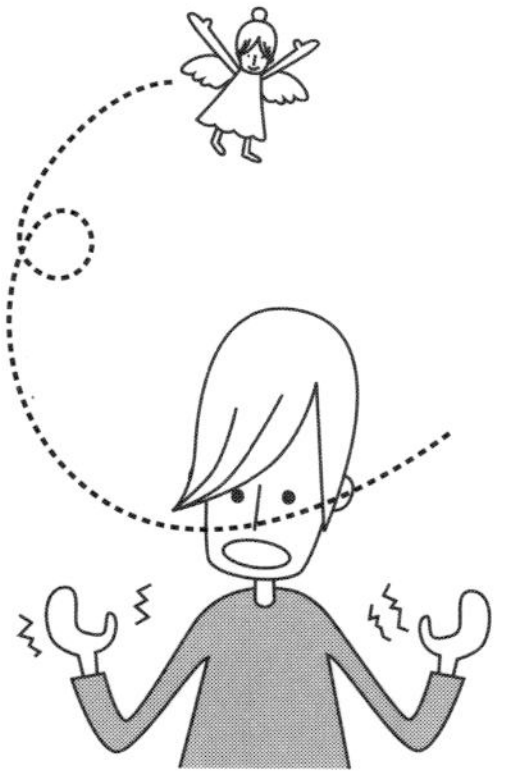

社会のしくみ

【差異化・平等化、固定性・流動性】

カトリーヌは、歴史の授業を受けています。

キンコンカンコーン。終了のチャイムが鳴りました。

「というわけで、ソビエト連邦は崩壊しました。今日はここまで」

「うーん、難しいな。社会主義とか資本主義とか、私ぜんぜんわからないわ。先生の話って難しすぎるんだもん。ねえ、ウメ子ちゃんはちゃんとわかってるの？」

「私もよくわからないわ。でも、どうでもいいの。私は歴史なんて興味がないもの」

「今日は久しぶりにパパが帰ってくるから、パパに教えてもらうわ。私のパパ、なんでも知ってるのよ」

「カトリーヌは、学校でいつも難しいことを習っているなあ。人間界って、いろいろ難しいことがあるんだな。見習い天使にはよくわからないや」

お父さんを囲んでの楽しい夕食が終わった後、カトリーヌはさっそくお父さんに質問します。

「ねえ、パパ。資本主義って何のこと？　社会主義って何のこと？」

「おや、カトリーヌ。君は政治に興味があるのかい。いいことだ。パパも昔はね……」

「革命の話はもう何度も聞いたわ。敗北した革命の話でしょ。あのね、私が聞きたいのは資本主義とか、社会主義とかって、いったい何なのかっていう話よ」

「おやおや、カトリーヌはせっかちだな。では、説明しよう。資本主義や社会主義っていうのはね、こんなふうに考えると一番シンプルに理解できるだろう。要するに、資本主義とは、みんなで競争して優劣をはっきりつけよう、という社会のしくみなんだよ。能力の優れている人は、競争を勝ち抜いて、巨万の富を手に入れることができるんだ」

「能力の劣った人はどうなるの？」

「敗北した者は、勝利者に服従するのさ。それが競争のルールだよ。パパは国際線のパイロットだ。誰もがうらやむかっこいい仕事だし、給料もふつうの人よりたくさんもらっている。ほうら、資本主義はすばらしいだろう?」

「ピエールったら、また極端なこといってるのね。カトリーヌ、パパの話をあんまり真に受けちゃダメよ」

「おやおや、ママは厳しいな」

「確かにパパはたくさんお金を稼いでいるかもしれないわ。でも、そのぶん、めったに家に帰ってこないし、それに事故の危険だってあるわ」

「パパは資本主義の競争を勝ち抜いたんだよ。だから、カトリーヌは裕福な暮らしができているんだよ。君のクラスにも貧しい家庭の子がいるかもしれない。君は、裕福なのと貧しいのと、どっ

ちがいいんだい？」

「それは裕福なほうがいいわ。お金があれば、きれいな洋服も買えるし、おいしいものだって好きなだけ食べられるもの」

「ピエール、カトリーヌはまだ中学生なんだから、あんまり思想的なことを吹き込まないでよね。そのうち、昔のあなたみたいに革命家になるなんていい出したら困るわ。ユートピアなんて存在しないのよ」

「彩子、それは十分わかってるよ。でも、社会のしくみを知ることは、大切なことなんだ。資本主義の競争のルールは、勝者と敗者の差をはっきりさせる。能力のある者は、その能力を発揮して、自らの欲しいものを手に入れるんだ。それを可能にするのが資本主義というしくみなんだよ。カトリーヌ、わかったかい？」

「競争して勝ち負けがはっきりするのが資本主義ね。なんとなくわかった気がするわ」

「本当はもっと難しい話なんだけど、カトリーヌはまだ中学生だから、それくらいわかっていれば十分さ」

「ピエールは物知りだなぁ。それにしても、資本主義って難しいな。要するに、人と人との差がはっきりするしくみっていうことなのかな。天国には、資本主義も社会主義もないからなぁ。神様はそのことをどう思っているんだろう？」

「じゃあ、こんどは社会主義について説明してよ」

「うん。資本主義が勝ち負けをはっきりさせるしくみだとしたら、社会主義はそれと反対に、人と人との差をできるだけなくそうという考え方なんだ」

「平等っていうこと？」

「そう。富める者と貧しい者の格差があってはならない、という平等の理想を掲げるのが社会主義なんだ」

「平等が理想的だというのはわかるんだけど、現実にはすべての人が平等っていうのはありえないじゃない。現にうちは裕福だけど、町外れの東村山さんちは、こないだ借金かかえて夜逃げしたって聞いたわ」

「難しい言葉だけど、『再分配』っていう考え方があるんだ。いいかい、カトリーヌ。社会主義のしくみでは、裕福な人から貧しい人へ富を再分配するというルールがあるんだよ。裕福なわが家と貧しい東村山さんのお家の間には、いまは貧富の差がこんなに大きく開いているよね。わが家の富を東村山さんちにすこしずつわけていったら、どうなる？」

「えーっと、わけてあげたぶんだけ、うちは貧しくなるし、そのぶん、東村山さんちは豊かになるわ」

「そのとおり。そうして再分配をくり返すと、やがてどうなる？」

「うちと東村山さんちが同じくらいの豊かさになるわね」

「そうだよ、カトリーヌ。つまり、貧富の差がなくなるということだね。それが平等だ」

「そうすると、社会主義では、競争しても勝ち負けがないっていうことなの？」

「いい質問だ。カトリーヌ、君には政治のセンスがある。パパのセクトに入らないか？」

「ピエール、何バカなこといってるのよ！」

「冗談だよ。フレンチ・ジョークさ。それはともかく。競争の話だったね。社会主義では、競争の結果として得たものを再分配するんだ。だから、競争がないわけじゃない。ただ、競争で勝った者が結果としてぜんぶ手に入れるという考え方を認めないだけなんだよ。負けた人にも一定の分け前が保障されるんだ」

「なんだかおかしいわ。私だったら、自分で努力して勝ち取ったものをわざわざ負けた人にわけてあげるなんて嫌よ。私が手に入れたものは、誰にもあげないわ」

「確かにカトリーヌの言い分にも一理ある。自分で稼いだものは自分のものだ。誰だってそう思っているし、それは正当に主張すべきだ。でもね、競争がいつも公平なルールでおこなわれているとはかぎらないんだ。パパだって、病気になったり大きな怪我をして働けなくなったら、資本主義の競争を勝ち抜くことは難しくなるだろう。病気や怪我をするのは、自分のせいとはいえないだろう。でも、勝ち負けの差をはっきりさせる社会では、勝負に負けた結果の責任は負けた人にあるということになるんだ。だから、そこで負けたらすべてを失ってしまう」

「そんなの嫌だわ。なまけたせいで負けるんだったらしようがないけど、病気や怪我は自分の責任じゃないでしょ。それに、生まれつきからだの不自由な人もいるじゃない。すべて競争で決めてしまうのは、よくない気がするわ」

「逆にいうと、勝った人だって必ずしもフェアに努力したから勝ったとはいえないかもしれないよ。最初から有利な条件で競争を始めていたから勝てただけなのかもしれない。それは、その人が努力して勝ち取ったことじゃないよね」

「そうね。テストの問題をあらかじめ先生からこっそり教えてもらっていたら、誰だって一〇〇点とれるものね」

「そこで再分配の考え方が出てくるんだ。開きすぎた差を公平にするための社会のしくみが再分配なんだよ。再分配のしくみがないと、世の中の不公平はいつまでたってもなくならないんだ」

「ふーん。開きすぎた差を平等に向けて修正するのが社会主義ってことなのかな?」

「そういうことになるね」

「資本主義と社会主義の違いは、差を広げるか、それとも差を縮めるかということなのかな。あれ、これもなんだかシーソーみたいな話だなぁ」

「パパはさっき資本主義の話をしていたときは、資本主義に賛成のようだったけど、いま社会主義の話をしているときは、社会主義に賛成しているようないい方をしているわ。いったい、パパはどっちの味方なの?」

「どっちの味方かっていうことじゃないんだよ。確かに、二〇世紀の歴史はふたつの陣営にわかれて、どっちが正しいかっていうのを争っていたんだけど。そして、そのなかでパパも理想の社会の実現を目指して、路上で警官隊と……」

「革命の話はもういいってば！」

「そうだったな。とにかくさ、自分で稼いだものは自分のものっていう考え方も正しいし、だけど競争で負けた人への再分配も必要という考え方も正しいとパパは思うんだ。昔の仲間からは日和見主義者っていわれるけどさ。努力して豊かになった人が社会を引っ張っていくということもあるし、どれだけ稼いでも分配しなきゃいけないんだったら、みんな真面目に働く気がなくなるかもしれないしね。貧富の差をどうするのか、どこまで平等にするのがフェアなのかっていうのは、どうすれば人間が幸せに生きられるかっていうことにかかわる大きな問題なんだ」

「パパと話していると、なんだか頭がよくなったのか、わるくなったのか、わからなくなるわ」

「ほらほら、あんまり遅くまで話していると、明日また遅刻しちゃうわよ。早く寝なさい」

「はーい、ママ」

「シーソーの格差を大きくするか、小さくするかっていうのは、人間の幸せにかかわるんだな。でも、幸せかどうかって、ただ単にお金持ちか貧乏かということだけで決まるのかなぁ。お金をたくさんもっていても不幸な人もいるし、貧しくても幸せに暮らしている人もいるんじゃないかな。天

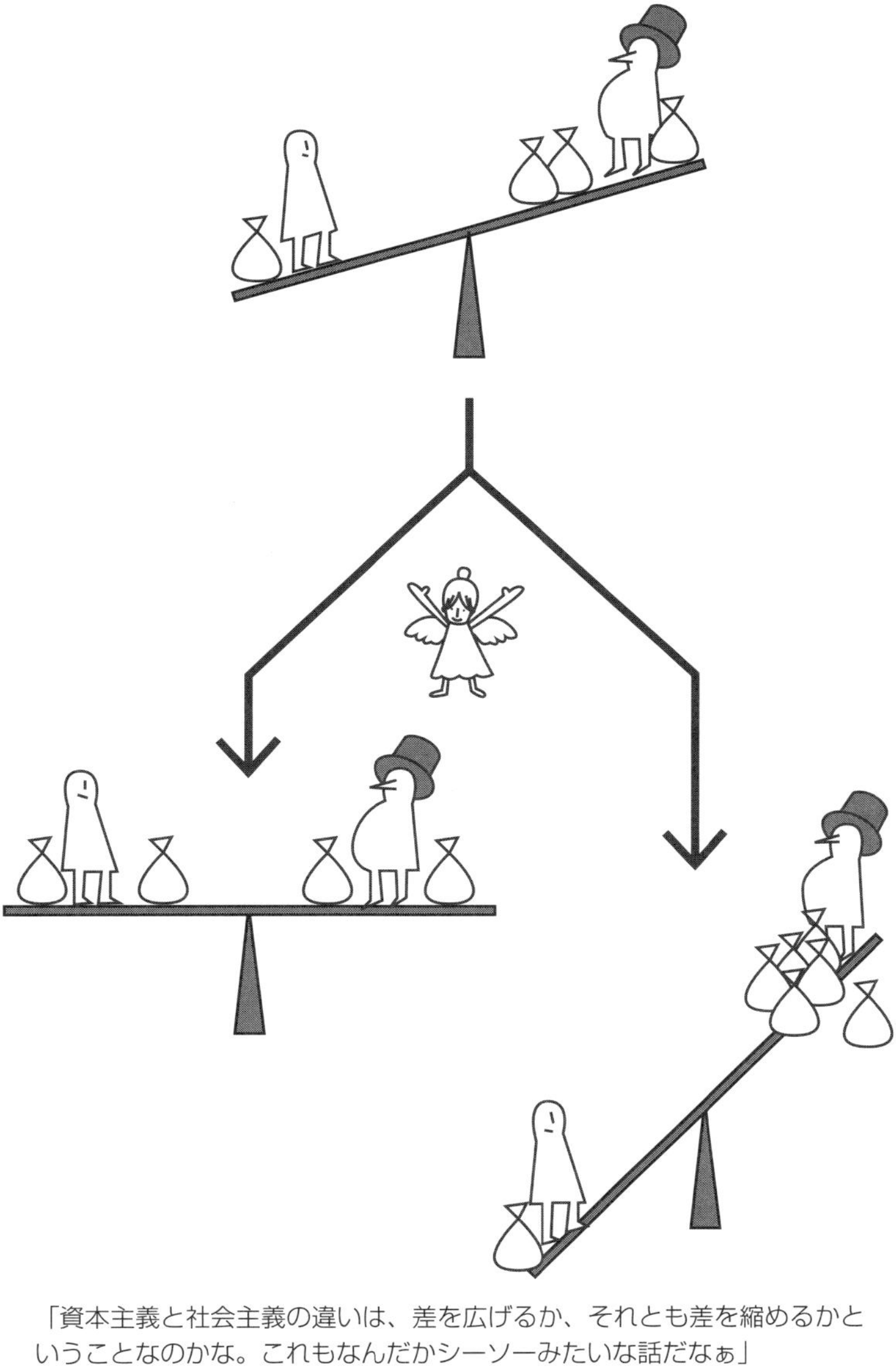

「資本主義と社会主義の違いは、差を広げるか、それとも差を縮めるかということなのかな。これもなんだかシーソーみたいな話だなぁ」

国にはお金がないから、ワタシにはよくわからないけど」

その夜、カトリーヌはぐっすり深く眠りに落ちたので、もう天使の夢を見ることはありませんでした。

まとめ

⚀ 人間は他人との比較によって、優越感や劣等感を抱きます。

⚁ そのことをゲームとして楽しんだり、人生のハードルとして苦しんだりします。

⚂ シーソーゲームは、努力するか、相手を引きずり下ろせば勝てます。

⚃ 平等になったほうがいいのか、はっきり差別化したほうがいいのかは、まだ答えがありません。ただし、ゲームは努力と才能が活かせるように、正しいルールを決めておかなければならないでしょう。

3章　三者関係のルール

早いもので、カトリーヌも高校生。恋に、部活に、勉強にと、あわただしい日々を過ごしています。

好きな人にこそ好かれたい！

【返報性、ギブ・アンド・テイク、矛盾最小化方略】

学校からの帰り道、カトリーヌは親友のウメ子との会話に花をさかせています。

「ウメ子、このまえ授業のノート見せてくれてありがとう！　すごく助かったよ。こんど、何かお返しするね」

「え、べつにいいよ、お返しだなんて」

「ううん、ちゃんとお返しするから」

「そう？　じゃあ、こんど、お昼よろしくね」

「まかせて！」

「お返し？　なんでそんなことする必要があるんだろう？　ウメ子ちゃんも、べつにお返しはいらないと思ってるのに……」

「ねえねえ、ウメ子。そういえば、どうして『お返し』ってあるんだろうね？　なんだかもらってばっかりだと落ち着かないよね」

「うーん、そうだよね、不思議だよね。太古の昔からそういう慣わしだからかな？　どうして急にそんなこと思うの？」

「え、あ、うん。じつはね……。このまえ、西山くんに告白されたんだけど、返事どうしようかなって思って。あんまり西山くんのこと知らないから、私、困ってるんだよね。けど、せっかく想ってくれてるから、気持ちにこたえないといけない気がして……」

「えー、そうだったんだ！　そうかー。気持ちにこたえなくちゃいけないっていうの、わかるよう

な気がするわね。確かに、お返しって、モノだけじゃなくて、気持ちもそうしないといけない気がするのかもね」

「へぇ、そうか。人間って、モノとかキモチをもらうと、それをお返ししたくなるんだね。そういえば、ワタシがこれまで見てきた人たちも、好きどうし、嫌いどうしっていうのが多かったような……。自分が受けとった好きという気持ちに、好きという気持ちでお返ししてるってわけだ。あるいは、その反対に、嫌いの気持ちに対して嫌いの気持ちでお返しするわけか。そんなふうにお返ししあうことで、モノでもキモチでも、できるだけ釣りあいをとろうとしてるんだね。だからカトリーヌは、西山くんのことを気にしているんだ」

「それで、最近、そのことばっかり考えてるんだけど……。どうしたらいいかなぁ？」

「カトリーヌは西山くんのことあんまり知らないんでしょ？　いきなりＯＫっていうのも無理だもんね」

「うん、そうなんだよね。いままでほとんど話したことないから、あんまり友だちって感じでもないし……。難しいよねえ」

「でも、西山くんは、カトリーヌのことずっと見てたんだよね。キャッ。でもさぁ、西山くんにとってカトリーヌは友だちだったとしても、カトリーヌにとっては西山くんは友だちじゃないってこともあるんだよね」

「そうかぁ。西山くんは私のことを友だちと思ってるけど、私はそうは思ってなかったってことよね。そうだね。友だちって、お互いに友だちと思ってないと成立しないんだよね」

「友だちっていうのは、お互いにそう思いあっていないと成立しないんだ。じゃあ、ワタシとカトリーヌの関係って、いったい何なんだろう？」

「それにしても、西山くんって、いきなり告白するなんて勇気あるよね。私なんか、ぜんぜんそんな勇気ないよ。はぁ……」

「そうだよね、ホントびっくりしたよー。ところで、ウメ子はさぁ、好きな人いるの？」

「え？　い、いないよ、そんな人。ハハハ」

「ウメ子ちゃんは、東くんのことが好きなんだよね。どうして秘密にしてるんだろう？」

「えー、あやしいなぁ、教えてよー。もしかして東くん？」

「え！　なんでわかったの!!」

「え、なんでだろう？　なんとなくよ。へー、そうな

んだ、東くんなんだー」

「な、なんとなくって……。カトリーヌ、みんなには絶対に秘密にしてよね！」

「フフフ。しかたないなぁ。じゃあ、西山くんのことも秘密にね」

「みんな自分の気持ちって秘密にするものなんだなぁ。きっと大事なことなんだろうな。そういえば、みんな、誰のことが好きとか、誰が嫌いとか、そういう話、好きだもんね。ワタシにはみんなの気持ちが見えているけど、カトリーヌたちには見えないから、そのぶん、大切にして隠しているのかな」

「私は、自分から告白するなんて、とてもじゃないけどできないな」

「うんうんうん。もし相手が私のことを好きじゃなかったらって考えたら、不安で不安でしかたないもんね。だけど、相手も私のことを好きだったらすごくうれしいから、やっぱりいつかは東くんに気持ちを伝えたいな」

「がんばってね。応援しているよ！」

「ありがとう、カトリーヌも西山くんにちゃんと返事しなきゃダメだよ」

「好きな人にこそ好かれたい、っていうのは、人間の自然な気持ちだよね。でも、嫌われていたらどうしようって不安に思うから、相手の気持ちを確認するのが怖くなっちゃうんだ。告白は、勇気がいるけど、自分の気持ちを伝える大切なことなんだな。だって、まず自分から伝えないと、相手の気持ちもわからないからね」

味方の敵は敵

【三者関係、推移性、認知均衡理論】

部活動を終えて、すっかり遅くなってしまった帰り道。カトリーヌとウメ子は腹ペコです。

「ねえねえ、ウメ子。部活ですっかり遅くなっちゃったね。帰りにご飯でも食べに行かない？」

「いいよ。最近、いっしょにご飯食べてないもんね。何食べに行こっか？」

「そうだなぁ。もんじゃ焼きなんてどう?」

「えー、もんじゃ焼き?　私、もんじゃ苦手なんだよね」

「え、そうなの?　おいしいじゃん。そっかー、ウメ子はもんじゃ嫌いなんだ。でも、このまえ、私が食べに行ったお店のもんじゃはとってもおいしかったんだよ。だから、きっとウメ子も気に入ってくれると思うんだけどな」

「でも、私はもんじゃ好きじゃないもん」

「えー、私がもんじゃ好きなんだから、あなたももんじゃを好きになりなさいよ」

「そんな無茶いわないでよ!　いくら幼なじみだからって、なんでもかんでもカトリーヌが好きなものを好きなわけじゃないよ」

「あれ?　なんでカトリーヌはウメ子ちゃんに自分の好きなものを押しつけようとしているんだろう?　べつにカトリーヌが好きだからって、ウメ子ちゃんが好きとはかぎらないのに」

「私がもんじゃ好きなんだから、あなたももんじゃを好きになりなさいよ」
「そんな無茶いわないでよ！　なんでもかんでもカトリーヌが好きなものを好きなわけじゃないよ」
「でも、ウメ子、東くんの好きな音楽とかなんでも聴いてるじゃない」

「そうだけどさー。でも、ウメ子、ほら、東くんが好きな音楽とかなんでも聴いてるじゃない」

「それは……。だって、好きな人が好きなものって、好きになっちゃうじゃない」

「なるほど、好きな人の好きなものは、好きになっちゃうんだね。じゃあ、嫌いな人の好きなものは、嫌いになるのかな?」

「でしょ。それなのに、あーあ。私とウメ子の友情はその程度だったのねー」

「そんなこといわないでよね。じゃあ、ここはひとつ、もんじゃじゃなくて、カレー食べにいこ!」

「そうしよう、私カレーも大好き!」

こうしてふたりは、カレー屋さんに飛び込みました。

「そういえばさぁ、もぐもぐ、ウメ子って、となりのクラスのユミとケンカしてなかったっけ?」

「そうなんだよね。いろいろあってさ。いまは、あんまり話したくないな」

「ふーん、もぐもぐ。私はよく知らないけど、ウメ子とケンカしてるんだったら、私もたぶんユミとは気があわないような気がするな。もぐもぐ」

「でも、カトリーヌはべつにユミと何かあったわけじゃないでしょ？」

「そうだけど、ウメ子の嫌いな人とは、あんまり仲よくできない気がするの。私はいつでもウメ子の味方よ」

「ふふふ、やっぱりね。好きな人が嫌いな人は、嫌いになるんだ。味方の敵は、敵になるということか。案外、人間って単純だなぁ」

「カトリーヌが味方でいてくれると

うれしいよ。でも、私とユミのケンカにカトリーヌを巻き込みたくないわ」

「そう？　もぐもぐ。あ、おばちゃん、お水ちょうだい」

「ちょ、ちょっと、ちゃんと聞いてる？」

「聞いてるわよ。敵と味方にわけて考えちゃいけないってウメ子はいってるんでしょ」

「まあ、そういうことなんだけど……」

「それはそうと、味方の敵が敵なら、敵の味方は何になるのかな？」

「敵の味方は……敵じゃない？」

「それじゃ、敵だらけだね。もぐもぐ、もぐもぐ、ゴホゴホゴホッ」

「ちょっとー、カトリーヌ！　あわてて食べすぎよー」

カレー屋さんからの帰り道、ふたりはさっきのつづきで、まだ敵と味方の話で盛り上がっています。

「ねえねえ、さっきの話だけどさー、味方の敵は、どうして敵と思っちゃうんだろうね？」

「カトリーヌは難しい話が好きなのね。お父さんの影響かしら？　味方の敵がもしも味方だったら、なんかややこしくない？」

「そうかぁ。やっぱりわかりやすいほうがいいもんね。でも、私は、ユミとウメ子がケンカしないのが一番ハッピーなんだけどな」

「好きになったり嫌いになったりって、自分の気持ちだけで決まるわけじゃないんだね。きっといろんなルールがあって、そのルールのなかで人を好きになったり、嫌いになったりするんだ」

いじめのきっかけ

【安心と不安、スケープゴート、「みんな」の権力】

冬のある日の放課後、カトリーヌたち演劇部員がこんどの演劇発表会に向けて、ミーティングを開いています。

「そういえば、今日、ウメ子いないね？」

「ウメ子は風邪で休んでいるんだよ、ユミ。心配だから、帰りにお見舞いに行こうと思っているの」

「そうなんだ。心配だね、お見舞いに行かないとね」

「でもウメ子って、前も休んでなかった？　ウメ子が休んじゃうと私の役の練習ができないんだよね。ホント困るんだけど。ね、ヒロコ？」

「そ、そうね、困っちゃうよね」

「でも、風邪ひくのはしかたないよ。誰だって風邪ひくことはあるし……」

「まぁね。だけど、私、ウメ子ちょっと苦手だな。なんだか自分勝手なところがあるし」

「そ、そうかもね。ちょっと自分勝手かもね」

「ユミって、ウメ子のこと嫌いなの？」

「うん、まぁ、そうかな。あんまり仲よくないしね」

「そ、そうなんだ」

「ヒロコはどうなの？　ヒロコもそう思うでしょ？」

「え、あ、うん、そ、そうかな。私もちょっと苦手かも」

「あれれ？　ヒロコちゃんはべつにウメ子ちゃんのことが嫌いでもないのに……。あ、そうか。味方の敵は敵ってことだね。ユミちゃんの気の強さについ流されて、そう答えちゃったんだね」

「へー。ヒロコもウメ子のこと嫌いだったんだ。私だけじゃないんだね。ひょっとして、みんなもそう思っているんじゃないの？」

「うわー、大変なことになってきたぞ。みんながウメ子ちゃんを嫌っているような雰囲気になってきてる。ヒロコちゃんだって、さっきまではウメ子ちゃんのこと、べつに嫌いじゃなかったのに。このままいくと、ウメ子ちゃんの敵が増えてしまうよ。どうするカトリーヌ？」

「で、カトリーヌはウメ子のことどう思ってるの?」

「え? 私? 私は……ウメ子が好きだよ。だって幼なじみなんだもん!」

「えー。カトリーヌだけウメ子の味方? なーんだ、仲間はずれだね」

「何よ、それ。みんなだって、いつもウメ子と仲よしだったじゃない?」

「でも、みんなウメ子のことが嫌いっていってるよね」

「このままいくと、ウメ子ちゃんとカトリーヌが演劇部のなかで孤立してしまいそう。ウメ子ちゃんを嫌いなグループができあがりつつあるみたい

だなぁ」

「みんなが何といおうと、ウメ子は私の友だちだから、嫌いにはなれないよ」

「じゃあ、カトリーヌはそっち側だね」

「そっち側とかこっち側とかないよ！　みんな友だちでしょ？」

「カトリーヌがひとりで頑張っているけど、みんなの雰囲気を変えることができるかなぁ。敵とか味方っていうのはわかりやすいけど、仲間はずれやいじめにもつながるんだ。カトリーヌ、がんばって！　あれ？　ヒロコちゃんのこころのなかで変化があるよ？」

「あ、あのー……」

「え、何？　何かいいたいことでもあるの？」

「わ、私、ウメ子のこと好きだよ、やさしいところあるし……」

「ヒロコ、急にどうしたの？　さっきはウメ子のこと嫌いっていってたじゃない！」

「嫌いとはいってないもん。それに、こんなことでケンカするなんて、よくないよ」

「そうだよ。よくないよ」

「なによ、私だけ悪者みたいじゃない。……私もそんなにウメ子のこと悪くはいってないよ」

「それなら、もういいじゃない。さあ、練習、練習！」

「そうね、練習、練習！」

「あー、よかった。一件落着。ヒロコちゃんの勇気で、なんとかまとまったみたいだね。それにしても、人間っていつもこんな不安定な関係のなかで生きてて大変だなぁ」

「こんなことでケンカするなんて、よくないよ」
「そうだよ。よくないよ」
「なによ、私だけ悪者みたいじゃない……」

人気の秘密

【カリスマ、模倣】

カトリーヌも、そろそろ進路を考える時期にさしかかりました。そのわりには、あいかわらず、ウメ子とのんきな話をしている様子です。

「ねー、昨日のテレビ見た？　アイドルってかわいいねー。私も将来、歌って踊れるアイドルになろうかなー」

「カトリーヌは、いつも気楽なこといってるよねぇ。はぁ。ま、そりゃね、アイドルって、みんなが憧れる存在ではあるけどさ」

「何でアイドルって、あんなにかわいいグッズばっかり身につけてるのかなぁ。私もほしいなー」

「カトリーヌは素直だなぁ。グッズがかわいいんじゃなくて、アイドルが身につけているからかわいく思えてくるんだよ」

「もうすこし真面目に進路のことを考えたら？」

「なによ、私だって国民的スターになれるかもよ？」

「そりゃ、カトリーヌにもチャンスがないとはいわないわよ。でも、アイドルってさ、急に売れたと思ったら、やがて人気は下降線、いつのまにか見かけなくなって、忘れられていくじゃない？」

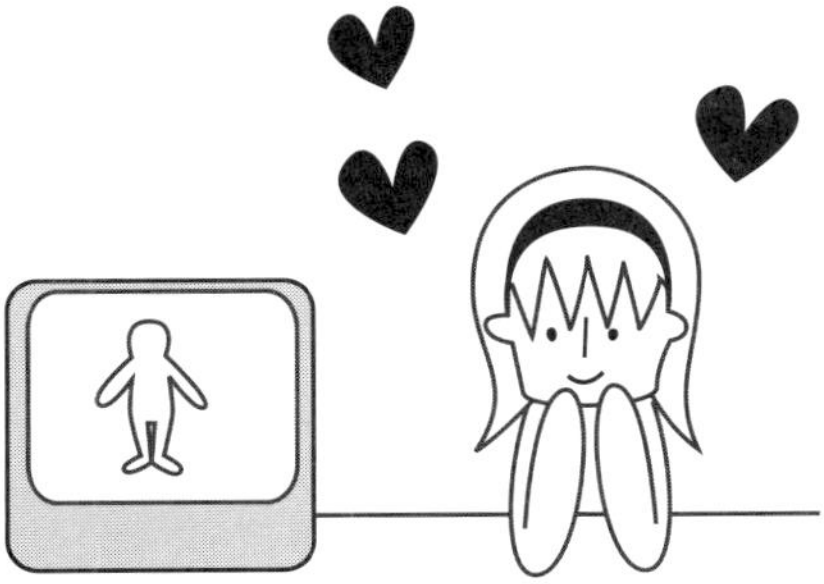

「そっかー。じゃあ、人気の秘密って何なのかしら？」

「ほんと、何なのかしらねぇ」

「ふたりとも悩んでるなぁ。それほど難しいことじゃないんだけどね。もっとも、単純なルールでも、それがいくつも積み重なると複雑になってしまうし。人間には見えてないことが多すぎるんだな」

「誰か、人気の秘密を教えてくれないかなぁ」

「じゃ、そういう勉強を大学でやったら?」

「そうかぁ。それいいね、おもしろそう! 私、大学に行ったら、人気の秘密について勉強しようかな。これって、何学部で勉強できるの?」

「それくらい自分で調べなさいよ」

「カトリーヌは、人間関係に興味をもってきたね。人間の気持ちが集まると、大きな力になるもんな。その力によって、人気者が生まれたり、いじめられっ子が生まれたり。どちらも、同じようなしくみになっているんだなぁ」

ま と め

⚀ 一対一の関係は、ギブ・アンド・テイクでいきましょう。

⚁ 三人以上の関係は、敵・味方で考える傾向があります。それは、人間関係を単純に把握しようとするからです。

⚂ グループの仲間どうしで仲よくするために、グループの外にわざと敵をつくることがあります。それが「いじめ」です。

⚃ 「人気者」と「いじめられっ子」は、同じルールでつくられるものです。

4章　個人と全体

大学生になったカトリーヌ。大学では文学部・心理学専攻に進みました。研究のテーマには、「対人関係」を選んだようです。人間関係には前から興味がありましたし、幼なじみのウメ子も同じゼミに行くと約束したからです。それになんといっても、このゼミには、あこがれの北大路くんもいるのです。

ユートピアを夢見る乙女　【個と全体、対称化】

カトリーヌは大学で「対人関係」のゼミを選択することにしました。大人気のゼミなので、ゼミの学生が多すぎて、なかなかうまくまとまりません。カトリーヌは、ウメ子に愚痴るかのように話しはじめました。

「まったくもー、うちのゼミはどうしてこうもまとまりがないのかしら」

「そうよねー。みんながみんな、好き勝手にやってるって感じよね。私、他の班がどんな研究やってるかなんて、ぜんぜん知らないわ」

「人数が多いと、どうしてもそうなっちゃうよね」

「どうにもこうにも、人間って不便だなー。お互いのこころのなかが見えないんだから」

「うちのゼミって、全員で二十五人でしょ。私、全員の名前いえるかしら？」

「それはひどいわよ。でもね、細かい卒論のテーマなんかはべつに知らなくてもいいんだけど、せっかく同じゼミになったんだから、みんなでいっしょにお酒を飲みに行くとか、遊びに行くとか、旅行に行くとかさ。もっとみんなでわいわい楽しみたいじゃない？」

「そんなこといって、カトリーヌったら、北大路くんと会うチャンスを増やしたいだけなんでしょ？」

「ち、違うわよー」

「あーあ、カトリーヌの気持ちは、すっかりバレちゃってるよ。さすがウメ子ちゃんは鋭いね。それにくらべてカトリーヌ、バレてることにさえ気づいてないよ、のんきだなぁ」

「でもさ、ゼミでたまに飲み会しましょうかって話題が出るじゃない？」

「うん、先生、お酒好きだもんね」

「そのときって、なかなかスケジュールとか決まらないでしょ」

「あー、そうよね。みんな、けっこうバイトや部活で忙しい、忙しいっていってるもんね」

「二十五人全員が集まれる日って、なかなかないよねぇ」

「なかなかねぇ」

「私のバイトはさ、シフトがけっこう自由きくのよ」

「駅前の花屋さんだっけ？」

「うん、そうなの。入学式とか卒業式のシーズンは忙しいけど、ふだんはべつに、急に忙しくなるコトってないし」

「うんうん」

「でね、まぁ、私のそういう事情もあるんだけど、私はなるべく、みんなの都合にあわせようと思うのよ。幹事さんは大変だろうなーって思うし」

「北大路くんが幹事やること、多いもんね」

「ちょっと、ちゃかさないでよ。でもさ、他の子は、けっこう自分のスケジュールのほうを優先してる感じじゃない？」

「そうね。みんな私が私が、って感じよね」

「そういうものなのかなぁ。私は、みんなで楽しくやるほうがいいんだけど」

「人にはそれぞれ事情があるのよ」

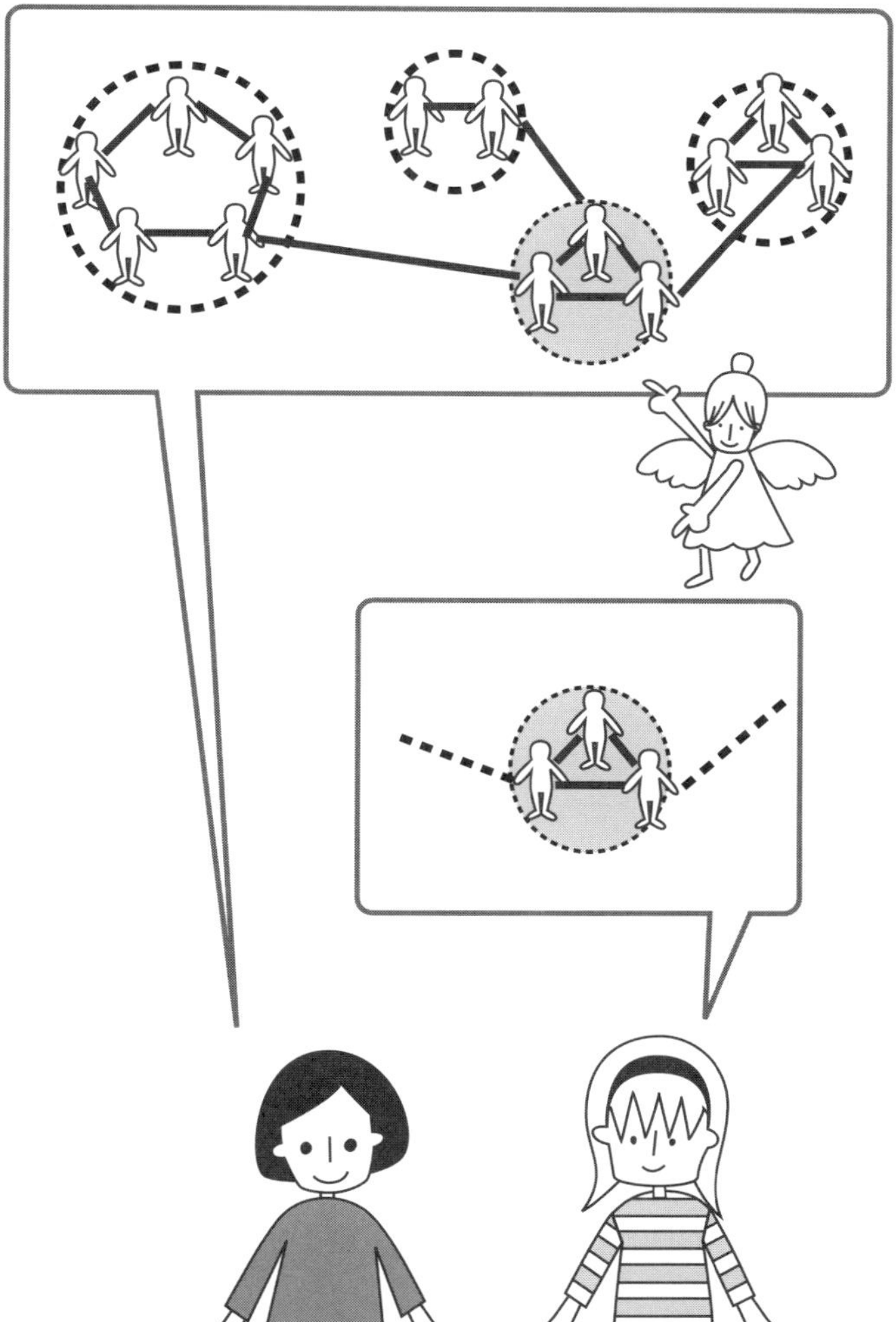

「私は、みんなで楽しくやるほうがいいんだけど」
「人にはそれぞれ事情があるのよ」

「それぞれ事情があるのはわかるんだけど、それだったらまとまらないじゃない。ひとりひとりがほんのちょっとガマンすれば、まるくおさまるのよ。それが理想的じゃない？　みんなで幸せになろうよ！」

「あらあら、カトリーヌ。あなたはユートピアを夢見る乙女ね」

「なによそれ。パパじゃあるまいし。でも、どちらかというと、私って、自分のことよりも、全体のまとまりを優先しちゃうのよね」

「カトリーヌも大きくなったなぁ。自分とみんな、個人と全体のことを考えて、全体の幸せを優先するなんて。ちいさい頃の、わがままカトリーヌちゃんを知ってるワタシとしては、感慨深いものがあるよ」

「カトリーヌこそ、もう少しわがままになってもいいんじゃない？　みんなもわがままいってるんだからさ」

「でもね、みんながみんなそういう考え方だと、どんどん悪い雰囲気になっちゃうと思うのよね。誰かがピシッとまとめてくれないかなぁ」

「先生とか？」

「そうそう。あるいは、リーダーシップのある人」

「あー、やっぱり北大路くんのことを考えてる？」

「もう！」

【視界、Pモード／Cモード】

見えないからおもしろい

「ところで、こんどの日曜日なんだけど、空いてる？　よかったら、いっしょに映画行かない？　観たい映画があるんだ」

「日曜日？　日曜日か……。う〜ん。その日はちょっと……」

「あ、そうなんだ。なぁに、ウメ子、ひょっとして誰かとデート？」

「ち、違うわよ。お母さんと出かける約束しちゃってさ」

「そうなんだー、お買い物なんだ。そういえばウメ子のお母さんとも長い間お会いしてないわね」

「そうねぇ。子供の頃は、カトリーヌもよくうちに遊びに来てたのにね」

「あ、じゃあ日曜日、つきあってあげよっか？　お母さんにも久しぶりに会ってお話ししたいし」

「えっ、えーっと、あー、でもねぇ……」

「ん？　何かマズイ？」

「カトリーヌは本当に鈍いなぁ。ウメ子ちゃんは、同じゼミの南くんとデートに行くつもりなんだよ。でも、それを隠しているんだってのに。カトリーヌの知らないところで、ウメ子ちゃんもいろいろあるんだよ」

「うん、あのね、えーと、だからね。カトリーヌの知らない人ともいっしょなのよ」

「あら、そうなんだ」

「うん、おばさんがね、田舎から出てくるのよ。久しぶりにゆっくり話したいっていうの」

「ふーん、そういうことなら、私はおじゃましないほうがいいかしら」

「うん、ごめんね。またの機会に。お母さんには、カトリーヌも元気にしてるよっていっておくし」

「うん、じゃあ、よろしく伝えておいてね」

「あー、ドキドキした。もう、カトリーヌったら、ウメ子ちゃんの気持ちも知らないで。でも、ウメ子ちゃんもいつまで南くんとのことを隠しつづける気なのかな。カトリーヌは鈍いから気づいてないみたいだけど……。ワタシみたいに、何もかも見えていれば、もっとうまくやれると思うんだけどなぁ。でも、それが人間のおもしろいところなのかもね」

「映画だったら、北大路くん誘ってみたら？　北大路くんって、映画が大好きなんだって」

「え⁉　そうなんだ。わー。でも、まだあんまり話したことないし」

「ここで否定しないから、気持ちがばれちゃうんだよ。ウメ子ちゃんはカトリーヌの気持ちに気づいているのに、カトリーヌはウメ子ちゃんの秘密の恋には気づかずにいるんだなぁ」

「じゃあさ、誰かに誘ってもらったらいいじゃない。そうね、ヒロコあたりとその話をしてさ。確かヒロコと北大路くんって同じ班だったでしょ。それで適当に、何とかいっしょに行こうっていう約束してさ」

「そうそう。友だちの友だちはみな友だちだ、友だちの輪っていうもんね」

「ヒロコの班って、『リーダーシップ』の研究だったっけ？」

「確かそうだったと思うけど」

「あそこの班って、誰がいたっけなぁ。ヨーコでしょ、ジュンちゃんでしょ、北大路くんでしょ。えーと、あとひとり?」

「南くんじゃなかったっけ?」

「そうそう、南くんだ！　すごいね、ちゃんと知ってるじゃない」

「ウメ子ちゃんは、カトリーヌと違って、誰と誰が友だちなのかっていう人のつながりを意識しているんだね。きっと世渡りも上手にやっていくよ。カトリーヌももうすこし世渡り上手にならないといけないよ。こんなコトで、北大路くんと親しくなれるのかなぁ」

恋の成就も計画次第?

【コミュニケーションの4ステップ】

つぎの日曜日、北大路くんたちと映画を観に行く約束をしたカトリーヌは、待ちあわせ場所でみんなを待っています。カトリーヌは、この日のために、あらかじめ北大路くんの好きなことや興味のあることを、周囲の人からそれとなく探っていました。いよいよ本番です。カトリーヌの恋は、成就するでしょうか？

「あ、北大路くーん」

「こんにちは、カジューさん」

「カトリーヌでいいわよ。あとは、ヒロコちゃんと南くんだね」

「あ、それがね、ふたりとも用事があって来られないんだって。だからこれで全員だよ」

「全員って、ふたりじゃない！」

「お、カトリーヌ、よろこんでるよー。心臓ドキドキさせちゃって。このチャンスを活かして、うまくいけばいいんだけど。さあ、カトリーヌ、あらかじめ調べた情報を利用して、北大路くんとの会話を盛り上げようー」

「北大路くんって、フランス映画が好きなんだって？」

「陽平でいいよ、カトリーヌさん。うん、フランス映画が好きなんだ。カトリーヌさんも好きなの？」

「いいきっかけじゃないか。カトリーヌは、お父さんがフランス生まれなんだから、ここはひとつ、フランス映画の話題でおおいに盛り上がれば、ねらいどおりだな……」

「私のお父さんって、フランス人なのよ。だから、私も子どもの頃、フランス映画をたくさん観たわ。フランス映画でもいろいろあるけど、陽平くんは、どんな映画が好き？」

「あら、いい感じ。ワタシのアドバイス、聞こえてるのかしら。まさかね……」

「僕は、エスプリが効いてるのが好きなんだ」

「あら、私もよ！　私たち、気があうわね」

「どうにかうまくいきそうかな。フランス映画をきっかけに、会話が盛り上がってきたみたい。ふだん、なにげなくやっている会話も、じっくり計画を立ててやろうとすると、なかなか大変だなぁ。相手のこころのなかを読みとって、うまくいくように考えて、なおかつ、いいセリフを絶妙のタイ

ミングで口にすることで、お互いの気持ちを確認していくんだもん。動物やロボットにはマネのできない高等技術だよなー」

カトリーヌと北大路くんは、映画を観終わって、いっしょに食事をすることになりました。レストランに向かう途中で、意外なふたりを見つけます。

「あれ？」

「どうしたの？」

「あそこにいるの、南じゃないかな」

「そうみたいね。あれれ？　誰か女の子といっしょよ」

「アイツ用事があるっていってたけど、それってデートのことだったのか！　決定的瞬間を見ちゃったね。

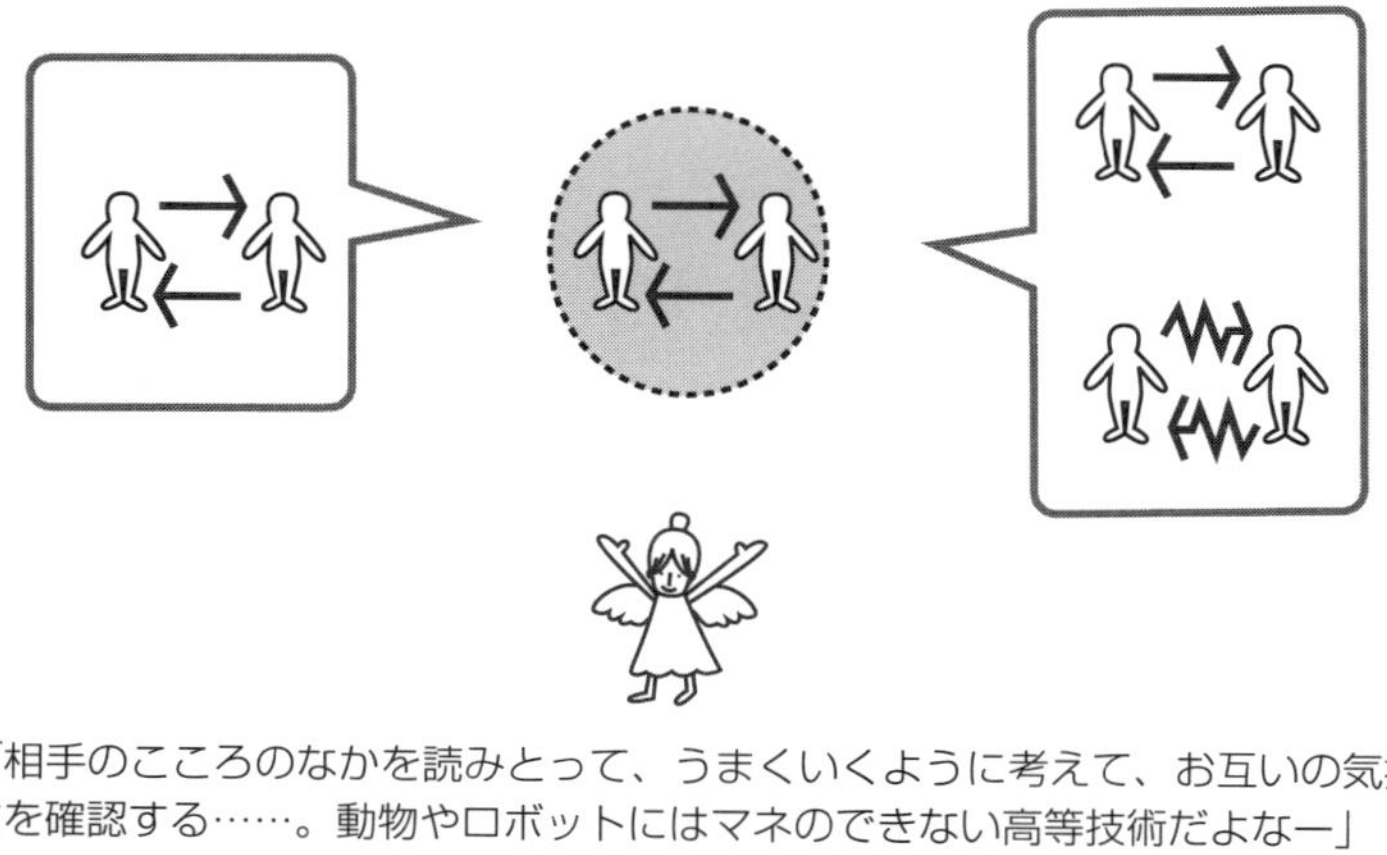

「相手のこころのなかを読みとって、うまくいくように考えて、お互いの気持ちを確認する……。動物やロボットにはマネのできない高等技術だよなー」

声をかけて、驚かせてやろうかな」

「そんなことやめておきましょうよ、せっかく楽しんでるんだから」

「それもそうか。でも、相手はどんな子なんだろ。知ってる子だったりして」

「あら、あらら？　あれ⁉　隣にいるのはウメ子よ！」

「なんと！」

「ちょっとー！　ウメ子！　ウメ子ぉー！」

「カ、カトリーヌさん……声かけないんじゃなかったっけ？」

「あらあら、北大路くん、あきれちゃってるじゃない。それにしても、こういうこともよくあるんだよな、隠していたことが偶然ばれちゃうなんて。まぁ、自分の計画どおりにいかないのも、コミュニケーションのおもしろいところなんだろうけどさ」

流されクンと頑固さん

【集団の境界、ソシオンのデザイン】

カトリーヌたちは、ゼミでテーマごとに発表することになりました。

「来週の発表は、北大路くんのところの『リーダーシップ』と、カトリーヌさんのところの『対人関係』だね。みんなにわかるように、ていねいにまとめて発表するようにこころがけてください。先生からは以上です」

「あー、来週発表だ。ユウウツだなぁ。うちの班は、なかなか意見がまとまらないんだよ」

「そうなの？　うちの班は、わりとしっかりまとまるわよ」

「それは、カトリーヌちゃんが、ちゃんとリーダーシップをとっているからだよ。きっと、カトリーヌちゃんを中心に、計画的に物事をすすめるスタイルがうまくいってるんだね」

「あら、リーダーシップの研究は陽平の専門じゃない。陽平の班には、そういうスタイルがないってこと?」

「そうだな、あえていうなら、決まったスタイルがないのがうちの班のスタイルなのかな」

「なるほどね。でも、結果的には陽平の班のほうが、先生の評価が高いでしょ?」

「そうかなぁ。だけど、うちの班は、みんながあまりにも好き勝手にやりすぎるんだよ。だから、毎回どういうかたちの発表になるのか、班長の僕にも見当がつかないし、じつに困ったもんだよ」

「けっきょく、どっちのスタイルがいいのかな? うちの班は、いわれたことはきっちりこなすけど、融通がきかないのよね。いったんコレって決まったら、すぐに作業は終わるんだけど、新しい課題や突然の変更には、すばやく対応できないの」

「うちの班は、毎回いろいろあるんだけど、どんな課題でも、いちおうちゃんとやりとげられるかな。ちょうど逆のスタイルだね。うちの班は、悪くいえば優柔不断だけど、よくいえば柔軟性がある、って感じかな」

「まさにそんな感じね。うちの班は、悪くいえば頑固で、よくいえば安定してる、って感じかな」

「それって、このふたりの性格にもいえるコトみたいなんだけど」

「それって、僕たちの性格にもいえるかもよ」

「えっ？　どういうこと？」

「僕ってさ、けっこう優柔不断なところがあるんだよ。どうもみんなの意見を聞いてるうちに、みんなの意見が正しいんじゃないかって思えてきてさ。それって僕なりに柔軟な対応をしてる結果なんだけどなぁ」

「なるほどねぇ。まあ、私もそういわれれば、大人っぽいとか落ち着いてるってウメ子にいわれるけど、それって頑固なだけなのかもね」

「流されクンと頑固さんってとこかな。人間ひとりひとりも、グループのような特徴をもってるってことだね。あ、逆だ。グループが人間の性格のような特徴をもってるんだ。人間のつくる集団っ

流されクンと頑固さん？

てのは、おもしろいなぁ」

「でもね、うちの班がそんなふうに、きっちりと役割分担をするようになったのは、じつは、ただ、人数が多すぎるからなのよ」

「カトリーヌ班は何人だっけ？　ゼミの過半数はいたよね、確か」

「十一人よ。過半数まではいかないけど、いちばん多い班であることは確かよね」

「『対人関係』って、みんなが興味をもちそうなテーマだもんね。僕らの卒論のテーマなんて四人もいるだけで多いほうだと思うな」

「あれ？　五人じゃなかったっけ？」

「僕だろ、南だろ、ヨーコちゃん、ジュンちゃん」

「ヒロコちゃんは？」

「あぁ、最近あんまり『リーダーシップ』班のミーティングに来てないんだよ。どうも『自己』班の連中のところへ行ってるみたい」

「班、変わっちゃったの？」

「どうなんだろう？　べつにはっきりテーマを変えるっていってるワケじゃないんだけど。ウチの班は、『去る者は追わず、来る者は拒まず』って感じだからさ」

「えー。『リーダーシップ』の班長さんが、そんな集団のまとめ方でいいの⁉」

「人間のように、姿かたちのない集団は、その境界もあやふやなものなんだよ、カトリーヌ。でも、子どもの頃にもいったろ。本当は人間だって、さ……」

まとめ

⚀ 「個人」が自由にふるまうと、「全体」の秩序は乱れます。バランスをとることが重要です。

⚁ 人は、限られた範囲の人間関係しか把握できません。

⚂ コミュニケーションは、その限られた人間関係を、互いに想像しながらメッセージを送りあって進行するものです。

⚃ 集団の雰囲気ができあがると、個人がそれに翻弄されることもあります。

5章　家族のサイコロ

大学を卒業したカトリーヌは、北大路くんと結婚して、家庭を築いたのでした。夫の陽平との関係でも、恋人時代とはまた違ったいろんな悩みがあるようです。

「これからがふたりのスタートね。ケンカをすることもあると思うけど、私がいつでもあなたのことを愛しているという気持ちに変わりはないことを覚えておいてね、陽平」

「もちろんだよ。僕も同じ気持ちだよ、カトリーヌ。ずっとふたりでいよう」

「ワタシもいっしょだけどね」

私の知らないあなたの世界　【対称化と視界】

「ねぇ、陽平。明日、お母さんが私たちの結婚式の写真を見にくるって電話があったわ」

「えっ、そうなのかい？　明日、僕は夜遅くまで仕事だよ。困ったな」

「えっ？　何を困ってるの？」

「何をって、明日お母さんが来るんだろ？　だったら僕も、お母さんをお迎えしなくちゃいけないじゃないか。それなのに、夜まで仕事だから、どうしようかと思ってさ」

「あー、そういうこと。それなら心配しないで。お母さんは写真を見にきて、私とすこしおしゃべりしたいだけなんだから、陽平はいなくてもいいわよ」

「いや、そんなのダメだよ、カトリーヌ。お母さんがわが家に来るんだったら、ちゃんとしたおもてなしをしなきゃいけないよ。そうしないと僕の気がすまないよ。よし、明日の仕事は休ませてもらおう」

「ちょっと待ってよ、陽平。それこそダメよ。陽平の出世にヒビくじゃない」

「心配はいらないよ。それよりも、カトリーヌのお母さんをおもてな

しすることのほうが大切だよ。何といっても、カトリーヌのお母さんは、僕のお母さんでもあるんだからね」

「あらまぁ、大丈夫かなぁ、このふたり」

「僕の立場になってみてよ、カトリーヌ。カトリーヌが大事に思っている人は、僕にとっても大事な人なんだ。それに、僕がお母さんに礼儀知らずな人だと思われちゃったらどうするんだよ？」

「陽平こそ、私の立場になってみてよ。陽平にとっての大事なお仕事は、私にとっても大事なことなのよ。お母さんがウチに来るぐらいのことで、お仕事をほったらかしにして、陽平がクビにでもなったら、私泣きたくなるわ。再就職の保証はないのよ」

「カトリーヌったらまだまだだなぁ。大学で人のこころについて学んだはずなのに、大切なことを忘れちゃってるよ。早く思い出せばいいのに」

「アッ!!　ちょっと待って陽平！」

「どうしたの？　急に」

「ねえ、私たち、すこし冷静になって話しあってみない？」

「わかったよ。そうだよね、カトリーヌ」

「以前、何かこれとよく似たことがあったわよね。ほら、ウメ子の一件よ！」

「えっ？　ウメ子ちゃんて、あのウメ子ちゃん？」

「そうそう。私はぜんぜん知らなかったけど、ウメ子って、南くんのことが好きだったのよね」

「そのウメ子ちゃんと、いまの僕らの話とは、いったいどんな関係があるんだい？」

「私はね、陽平もウメ子も大好きだけど、好きだからといって、好きな人のことをすべて知ってるとはかぎらないのよね。私は、ウメ子が南くんを好きだってことを知ったとき、ウメ子にも私の知らない世界があるんだなって気づいたの」

「うん、それで?」

「それでね、私は会社での陽平のこと、会社で陽平がどんな仕事をしているのかっていうこと、ぜんぜん知らないの。だけど、もし知っていたら、べつの解決策が見つかるかもしれないなって思ったの」

「うんうん、なるほど。明日の仕事はプレゼンの資料を作るだけだから、家でもできることなんだ。だから会社には行かなくても大丈夫なんだよ」

「そうだったの。だったら大丈夫みたいね。それなら私も安心だわ」

「カトリーヌたちも、相手のことをちゃんと知ることの重要さを思い出したみたいだね」

「そういえば、肝心のお母さんについてはどうなんだろう? なんにも話しあってなかったよなぁ」

「お母さんは、やっぱり陽平がウチにいてくれていたほうがうれしいのかしら?」

「どうなんだろう?」

「どうなのかしら？」

「将来、僕たちの子どもが結婚して、その子のウチを訪ねるとき、カトリーヌだったら、おムコさんやおヨメさんにいてほしい？」

「いてくれたらうれしいだろうけど、お仕事でいないんだったら、しょうがないと思うんじゃないかしら」

「そうだなぁ……残念とは思うかもしれないけど、でも、失礼なヤツだとは思わないよな」

「まあ、私たち、ずっとささいなことで押し問答をしていたみたいね。気にするほどのことじゃなかったんだわ」

「ささいなことが、けっこう重要だったりしてね」

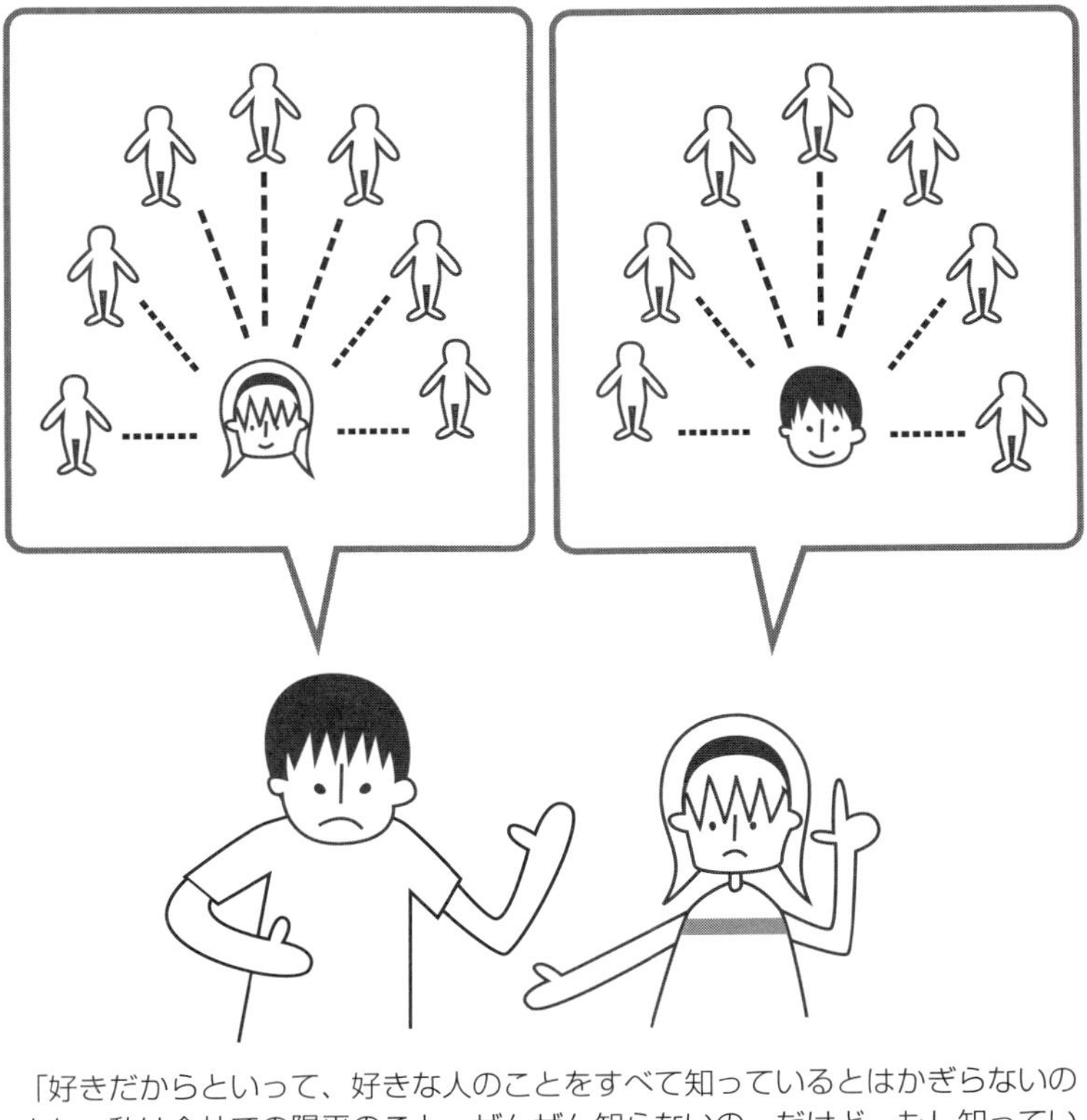

「好きだからといって、好きな人のことをすべて知っているとはかぎらないのよね。私は会社での陽平のこと、ぜんぜん知らないの。だけど、もし知っていたら、べつの解決策が見つかるかもしれないなって思ったの」
「うんうん、なるほど」

自分の命より大事なもの

【荷重の性質、感情のキューブ、贈与】

しばらくして、陽平とカトリーヌとのあいだに赤ちゃんが誕生しました。ふたりは名前を「太一」（たいち）とつけ、大よろこびです。陽平もカトリーヌも、寝てもさめても太一にベッタリ。愛情にあふれた家族を見て、天使は興味津々です。

「赤ちゃんって、ワタシの姿によく似てるんだなぁ。神様はちっともそんなこと教えてくれなかったけど、天使の姿に似せて赤ちゃんをつくったのかもしれないな。それにしても、人間はなぜあんなにも赤ちゃんをかわいがるんだろう？　不思議だなぁ」

「太一ちゃーん。ママでちゅよー。マーマ。マーマっていってごらん」

「太一ちゃーん。こっちを見てごらん。パパだよー。パパっていってごらん」

「ダー、バー、ンマーンマー」

「ほらっ！　聞いた？」

「聞いた聞いた！」

「ママっていったわよね⁉」

「えっ？　でも、その前にパパっていったよね？」

「どっちでもないんだけどね。ほんとうに赤ちゃんがかわいいんだなぁ」

「今日も太一を散歩につれていくのかい？　カトリーヌ」

「ええ、もちろんよ。なるべく外の空気をすわせてあげたいもの」

「今日は休みだから、僕もついていくよ」

ふたりは太一をつれて、散歩に出かけました。外でもあいかわらず太一にベッタリです。

「お、見ろよ、カトリーヌ。太一が笑ったよ、笑ったよ」

「あなたったら、それくらいのことでいちいち大騒ぎしないの」

「でもさ、いまのはあきらかに僕に笑いかけてくれたんだよな」

「どれどれ？　太一ちゃーん。ママにも笑って〜」

「あっ！　何やってんのー！　車が来てるよ、来てるよ、危ないーっ！」

「キャー！」

「危ないっ！　カトリーヌ‼」

キキーッ。急ブレーキをかけて車が止まりました。

「カトリーヌ！　太一！　大丈夫か⁉」

「キャー！」
「危ないっ！　カトリーヌ‼」

「あなた！　太一！　大丈夫⁉　おぉ、おぉ、大丈夫ね」

「あぁ、よかった。大丈夫だ。すんでのところだった……」

「大丈夫ですか！　お怪我はありませんか⁉」

「ちょっと、運転手さん、気をつけてくださいよ！　こっちは未来のある小さい子をつれているんだ！　この子にもしものことがあったらどうする！」

「すみません、すみません……」

「あぁよかったよ、三人とも無事で。何ごともなくてほんとによかったよ。もしも万が一のことがあったら、ワタシは神様に、なんていえばいいんだい。それにしても……人間っておもしろいものだな。カトリーヌはとっさに太一をかばったし、陽平もとっさにカトリーヌをかばった。カトリーヌや陽平にとって、自分の命よりも大事なものがあるんだね。人間は、自分の身がどうなろうとも、守るべきものを守ろうとするんだ。つくづくおもしろい生き物だなぁ」

「太一、ゴメンね。こわい思いをさせて。それと陽平、ありがとう」

「とにかくふたりが無事でよかったよ」

4×4×4＝64の気持ちがはたらく

【ソシオマトリックス、ソシオキューブ】

それからまた、いくつかの季節が過ぎ去って、北大路家には長女が生まれました。ふたりは長女を「千里」（ちさと）と名づけました。太一も千里もすくすく育ち、いまや太一は大学生、千里も高校二年生になろうとしています。月日のたつのは早いものです。そんな北大路家の、朝のいつもの風景。

「太一、太一！　今日は学校に行かなくていいの？」

「うるさいなー、今年は一限の講義を履修してないんだよぉ。もうすこし寝かせてくれよぉ」

「夜が遅いから、朝起きられないんじゃない！　千里はもう準備できてるの？」

「はーい、ママ。今日は目玉焼き？　スクランブルエッグ？」

「スクランブルエッグにしたわよ。さ、パンも焼けたわ。はやく食べなさい！」

「母さん、コーヒーいれてくれないか?」

「もー、お父さんったら。それぐらい自分でしてくださいな」

「はいはい。けさのお母さんは気が立ってるな、千里もそう思うだろ?」

「知らないわよ。あ、ママ、私もう出るわ」

「あら、ほとんど食べてないじゃないの！」

「いいのよ、ダイエット、ダイエット。じゃ、朝練があるから行くわねー」

「はい、いってらっしゃーい、気をつけていくのよ」

「なぁ母さん、千里、ダイエットとかいってるけど、好きな人でもできたんじゃないか?」

「じゃ、朝練があるから行くわねー」
「千里、好きな人でもできたんじゃないか？」
「知りませんよ」
「ふあー、うるさくて眠れやしねぇ」

「知りませんよ」

「ふあー、うるさくて眠れやしねぇ。母さん、朝ごはんっ！」

「……見慣れた朝の風景。今日も平和だなぁ。でも、ワタシは天使だから、みんなのこころが見えちゃうんだよなぁ。陽平さん、心配しなくても、千里ちゃんに彼氏と呼べる人はまだいないよ。あー、まったく、陽平さんったら、千里ちゃんを信用してないんだから。千里ちゃんはいい子だよ、お父さんもお母さんも、たいへん思いやっていますよ。太一もね、最近生活がだらしないけど、根はいい子だからね。心配しなくていいよ、カトリーヌ。親が心配に思うほど、太一はカトリーヌのこと、嫌ってるわけじゃないからね……」

天使は、最近ひとつ思いついたことがあります。

「陽平は、カトリーヌと、太一と、千里のことを考えてる。もっというと、陽平は、カトリーヌが太一のことをどう思ってるかってことも気にしてる。みんながみんな、お互いのこころのなかを推測しあって生きているんだな。天使のように、ほかの人たちのこころのなかをのぞいてみることができないから、みんな、まちがった推測で思い悩んだりもするのだけれど」

「人間関係……この複雑で、不安定なもの。よろこびも、悲しみも、すべてこのサイコロに詰まっているんだ。なんてうつくしいんだろう！」

天使は、ひまつぶしに数えてみることにしました。

「えーっと、四人家族で、誰の誰に対する気持ちを誰が推測するか、という組み合わせだから、4×4×4＝64か。64の気持ちのはたらきで、家族が成り立っているんだな。家族の気持ちが、タテ・ヨコ・奥行きの立方体に詰まっているんだ。ひとりひとりはその一部分しか見ることができないけど、がんばって残りの見えない部分を推測しようとしている。みんなは、みんなを、どう思っているか、というのをみんなが考えてる。みんなが、みんなは、みんなを……そんな複雑な関係が……人間関係をつくりあげているんだ」

天使は、空中にキューブモデル（立方体）を浮かべました。

「人間関係……この複雑で、不安定なもの。よろこびも、悲しみも、すべてこのサイコロに詰まっているんだ。なんてうつくしいんだろう！」

どうやら、天使シオンは学ぶべきことを学べたようです。このあたりで、このお話も、そろそろ終わりが近づいてきました……。

まとめ

⚀ 相手が想像的に構成している人間関係を直接知ることはできないので、コミュニケーションがすれ違います。

⚁ 人は、自分の命を犠牲にしてまで、他者を守ろうとすることがあります。なぜなら、自分の存在は身体の境界を越えて、他者と共有しあうものだからです。

⚂ 個人の気持ちとみんなの共通認識をすりあわせることが世界の動きであり、いずれも世界のサイコロのなかに表現できます。

エピローグ

晩年。

孫たちにかこまれ、幸せな人生だったわ、と人生をふりかえるカトリーヌの前に、天使があらわれました。じつは、ずっとそばにいましたが、人生の最期が近づいているカトリーヌには、再びその姿が見えるようになったのです。

「カトリーヌ、カトリーヌ」

「あら、あなたは……」

「天使です」

「天使さんなの？　なんだか、なつかしい顔をしているわ」

「ワタシはあなたの人生をずっと見守っていました。いじめや恋愛、家族関係でいろいろお悩みだったようですが、幸せな人生でしたか？」

「もちろんよ。幸せも、不幸も、まわりの人間がもってきてくれるの。こうして多くの人たちにかこまれて晩年を迎える人間が、不幸なはずないじゃない」

「それはよかった。では、そろそろ、ワタシといっしょに行きましょうか」

「ちょっとまって。……あなた、あなたのお名前は、そう、シオンちゃんじゃない？」

そのとき、天使にはすべてがわかりました。

「あぁ、カトリーヌ。ありがとう。ワタシにつけた名前を、最期に思い出してくれるなんて……」

「あぁ、シオンちゃんにもういちど会えるなんて。最期にお迎えにきてくれたのね、ありがとう。さあ、いっしょに神様のもとに行きましょう」

ふたりは光の階段を登り、神様の国に帰っていったのでした。

「シオンちゃんにもういちど会えるなんて。
さあ、いっしょに神様のもとに行きましょう」

「どうだね、人間界は。楽しかったかい？」

「はい。私たちの感覚ではあっというまだけど、人間にとっては、数十年というのは長く感じられるもののようですね。短い期間なのに、恋愛、お金、権力、家族など、悩みのタネはつきないようでした。きっと退屈しているひまなんてないんでしょう」

「はっはっは。なかなかいじらしくて、かわいい生き物だろう」

「はい。とてもドラマチックでした。さすが神様ですね、世界をこんなにいろどりゆたかにしてくれるなんて」

「ところで天使よ。おまえはめずらしく名前をもらって帰ってきたんだね。そういう天使は特別に、人間に生まれ変わることができるんだよ。ただし、天使としての記憶は、ほとんど消させてもらうよ。みんなが天国の記憶をもって人間界におりると、世界が混乱してしまうからね。ぜんぶ消してしまうわけじゃないから、安心しなさい」

「わかりました。でも、消えずに残る記憶って、いったい何なのですか？」

「いま、おまえが学んできたことだよ。そう、人間にとっていちばん大事なのは他人とかかわることだ、という真理さ。さあ、もう時間だ。行っておいで」

だから、生まれてくる赤ちゃんはみんな、天使のような顔をしているのです。

EXERCISE――1章

自己紹介の練習をしてみましょう

「私は、○○です」の○○の部分に当てはまる言葉を考えて、二十個（！）書き出してみてください。二十個も考えるのは大変かもしれませんが、「私」に当てはまるものだったら何でもかまいません。自由に書いてみましょう。そして、書き出したリストを見なおして、それぞれが「こころ」にかかわるものなのか、「からだ」にかかわるものなのか、「他人との関係」にかかわるものなのか、グループ分けしてください。「私」を構成する要素はさまざまであることがわかるでしょう。

詳しくは、『ソシオン理論入門』の「EPISODE 3：精神的自己・物質的自己・社会的自己」を参照してください。

あなたのクセは何ですか？

自分で「これが私のクセだ」と思っているものを考えてみてください。そして、身近な人に、「私のクセって何だと思う？」と尋ねてみましょう。あなたが自分で自分のクセと思っていることと、他人があなたのクセと思っていることは、一致するでしょうか。それとも、ぜんぜんちがう答えが返ってくるでしょうか。自分の知っている「私」と、他人の知っている「私」は、ちがって見えているのかもしれません。

詳しくは、『ソシオン理論入門』の「TOPIC5：3つの私（荷重Ⅰ・Ⅱ・Ⅲ）」を参照してください。

私とあなたについて考えてみましょう

他人には知られていない自分の秘密を思い浮かべてみてください。自分だけの秘密は、他人が知らなくて自分だけが知っている「私」の部分です。つぎに、反対にひょっとすると他人だけが知っていて、自分が知らない「私」に関する秘密が何かあるかもしれないと想像してみてください。そして、最後に、自分も他人も知らないような「私」の秘密が何かあるかもしれないと考えてみましょう。自分は知ってるけど他人は知らない「私」、他人は知ってるけど自分の知らない「私」、自分も他人も知らない「私」……。これらの「私」は、はたして、すべて自分の一部といえるのでしょうか?

詳しくは、『ソシオン理論入門』の「EPISODE 4:ジョハリの窓を超えて」を参照してください。

EXERCISE——2章

よろこびや悲しみは、すべて勝ち負けに由来する?

いままであなたが経験した、とてもうれしかったことや、とてもくやしかったことを思い出してみてください。それは、すべて誰かとの競争にかかわるものでしょうか、それとも勝ち負けとは関係なしに、うれしかったり、くやしかったりしたことでしょうか? 勝ち負けに関係するうれしさやくやしさと、勝ち負けに関係しないうれしさやくやしさをそれぞれ書き出してみましょう。それらをくらべてみて、勝ち負けにかかわる感情と、勝ち負けとは無関係な感情のちがいについて考えてみてください。

詳しくは、『ソシオン理論入門』の「TOPIC10：シーソーの運動法則」を参照してください。

勝者の気持ちと敗者の気持ちは何種類？

他人と競争して負けてしまったとき、あなたはどのように感じますか？ 負けてくやしいと思う人もいれば、素直に勝った相手のすばらしさを賞賛する人もいるでしょう。くやしさのあまり、相手の勝利をねたましく思う気持ちになるかもしれません。勝った相手に、こびへつらうこともあるかもしれません。あるいは、その反対に、競争で勝ったとき、あなたはどのように感じますか？ 勝って誇らしく思う人もいれば、負けた相手を気づかって素直によろこびをあらわせない人もいるでしょう。負けた相手に、自分が勝利して得たものを分け与えるかもしれません。負けた相手をさらに踏みにじってバカにするかもしれません。これらの感情は、いったいどれぐらいの種類があるのか、数えてみましょう。そして、それらがシーソーの動きであらわせるかどうかを考えてみてください。

詳しくは、『ソシオン理論入門』の「TOPIC11：社会的感情のキューブモデル」を参照してください。

競争と再分配、どっちがいいの？

競争で勝ち負けをはっきりさせる社会と、再分配によって不平等をなくそうとする社会のどちらが望ましいと思いますか？ 自分が競争で勝っている場合と負けている場合の両方の条件で考えてみてください。競争で勝ち負けをはっきりさせることのメリットとデメリット、再分配によって平等化することのメリットとデメリットを書き出してみましょう。

詳しくは、『ソシオン理論入門』の「EPISODE10：固定性と流動性」を参照してください。

EXERCISE——3章

好き嫌いの理由はなんだろう?

あなたが好きな人を思い浮かべてください。あなたがその人のことを好きなのはなぜですか? 理由を書き出してみましょう。その人はあなたのことをどう思っていますか? その人もあなたのことを好きでしょうか、それともあなたの片想いでしょうか? 同様に、あなたが嫌いな人についても考えてみましょう。その人のことを嫌いなのはなぜですか? その人はあなたのことをどう思っていますか? 好きな理由と嫌いな理由に共通する点があるかどうか、考えてみましょう。

詳しくは、『ソシオン理論入門』の「TOPIC8：矛盾最小化方略」「EPISODE9：敵意と好意の返報性」を参照してください。

敵の敵は味方?

敵と味方の区別を決める「友だち算」について考えてみましょう。友だちの友だちは、友だちでしょうか、それとも敵でしょうか? 友だちの敵は、友だちでしょうか、それとも敵でしょうか? 敵の友だちは、友だちでしょうか、それとも敵でしょうか? 敵の敵は、友だちでしょうか、それとも敵でしょうか? 敵と味方を区別する友だち算は、どんな役に立つのか考えてみてください。また、友だち算によって困った問題が起こる場合があるかどうか、考えてみましょう。

詳しくは、『ソシオン理論入門』の「TOPIC12：荷重の推移性」「TOPIC13：認知的経済性」を参照してください。

人気者の秘密は？

人気者が人気者であるのはなぜなのか、考えてみましょう。たとえば、映画スターや有名タレントは、どんなきっかけで人気が出るのでしょう？ また、人気が落ちていくとき、どんなきっかけがあるのでしょう？ テレビのニュースや新聞で大きくあつかわれるのは、なにも人気者だけではありません。犯罪者のように、人々から嫌われる存在も、誰もが知っているという意味では有名人であり、ある意味（皮肉な意味で）人気者といえるかもしれません。人気者と嫌われ者が、ともに人々の注目を集めるのはなぜなのか、考えてみてください。

詳しくは、『ソシオン理論入門』の「EPISODE14：不安と安心の波紋」「EPISODE23：ネットワークとカリスマ」を参照してください。

EXERCISE——4章

人間関係の広がりについて考えてみましょう

仲よしの友だちと二人で、自分にとって大事な人の名前を三十人（！）挙げてみましょう。もちろん相手の名前が一番にきてかまいませんし、お父さんやお母さんなど、家族の名前が出てきてもかまいません。すべてリストアップした後で、二人に共通する人物が何人くらいいるか、数えてみましょう。共通する人数は、予想したよりも多かったでしょうか、それとも、予想していたよりも少なかったでしょうか？ 身近な人の人間関係が、どれくらいの広がりをもっているのかということを実感できるでしょう。

詳しくは、『ソシオン理論入門』の「TOPIC3：対称化と視界」を参照してください。

会話のコツってなんだろう?

友だちとの会話のなかで、自分では思いもよらない話の展開になったことはないでしょうか。最近、友だちと交わした会話を思い出しながら考えてみてください。また、それはなぜ「思いもよらなかった」のでしょうか。話の本題からはずれたところで、思いのほか話が盛り上がってしまったからでしょうか。あるいは、言いまちがいや聞きまちがいがきっかけで、話が思わぬ方向に飛んでしまったのでしょうか? 「思いがけない展開」は、かならずしもねらいどおりには進まないコミュニケーションの難しさを考えさせてくれる好例です。

詳しくは、『ソシオン理論入門』の「TOPIC4：対称化のステップ」と「EPISODE5：コミュニケーションモデルにおける人と機械の違い」、「EPISODE6：コミュニケーションのすれ違い」を参照してください。

集団の性格について考えてみましょう

自分のいる仲よしグループの「性格」について、考えてみましょう。たとえば、活発な集団でしょうか、それとも、おとなしい集団でしょうか? 外に向かって開かれた外向的な集団でしょうか、それとも、内側に閉じがちな内向的な集団でしょうか? 新しいことにチャレンジする先進的な集団でしょうか、それとも、頑固にひとつのやり方にこだわる保守的な集団でしょうか? このように、集団の性格を特徴づける言葉には、どんなものがあるか、考えてみましょう。また、性格の異なるグループどうしのちがいは、どこに原因があるのでしょう? それは、メンバーがちがうから、というだけの理由でしょうか? いくつか考えてみてください。人間とグループのちがいは、より広い目で見れば、同じものといえるのかもしれません。

詳しくは、『ソシオン理論入門』の「TOPIC1：

ネットワークとしての社会」「TOPIC21：主観的実在とソシオイド」「EPISODE1：頑固さんと流されクン」「EPISODE2：脳神経と人間関係はどちらもネットワーク」を参照してください。

EXERCISE——5章

好きな人のことはなんでも知っている?

あなたは、あなたが大切に思っている人のことをどれだけ知っていますか？　たとえば、あなたが知らないところで、あなたの大切な人がどんな人とかかわっていて、どんな行動をとっているのか、知っていますか？　あなたが大切に思う人について、知っている部分と知らない部分を書き出してみましょう。知っている部分と知らない部分の、どちらが多かったでしょうか？　また、お互いにそれまで知らなかった部分を知ることで、ふたりの関係はどう変化するでしょうか？

詳しくは、『ソシオン理論入門』の「TOPIC2：心のなかにもネットワーク」「TOPIC18：2つのモードの表記法」を参照してください。

人間よりも大切なモノ?

あなたにとって、大切なモノは何ですか？　思い出の品や、亡くなった家族の形見など、自分にとって大切なモノを挙げてみてください。あなたがそれらのモノをなくしたとしたら、どんな気持ちになるでしょうか？　それらを失わないために、あなたはどれだけの犠牲を払うことができますか？　想像してみてください。また、モノの種類によって、その気持ちにちがいはあるでしょうか？　そして、それらのモノがあなたにとって大切なのはどうしてなのか、考えてみましょう。

　詳しくは、『ソシオン理論入門』の「TOPIC20：イシュー・ソシオン（モノとコト）」を参照してください。

人間関係を図であらわしてみましょう

　あなたのまわりの人間関係を図で描いてみましょう。紙のまんなかに「私」を置いて、仲よしの人との間に線を引いて「＋」の符号をつけましょう。また、嫌いな人との間に線を引いて「－」の符号をつけましょう。あなたが好きな人と、あなたが嫌いな人の間も線で結んで、符号が「＋」になるか「－」になるか、考えてみましょう。どんなかたちができあがるでしょうか？　もし、さしさわりがなければ、友だちにも同じような図を描いてもらって、お互いに見せあって一致するかどうか確かめてみましょう（ケンカにならないように注意してくださいね）。

　詳しくは、『ソシオン理論入門』の「TOPIC6：ソシオン・モデル」「TOPIC16：ソシオグラムと２つのモード」を参照してください。

あとがき

このようなかたちで私の母の物語が出版されるはこびになったのは、真冬の大阪大学のキャンパスでソシオンジュニア研究会が開催されているところに参加させていただいたことがきっかけでした。私は大学で、母と同じ心理学を、それも社会心理学を学ぶことにしましたが、そのころは「ソシオン理論」という言葉すら聞いたことがなく、どんなものなのか、まったく情報がありませんでした。

折しも私が四年生の時、私の通っていた大学で心理学の大きな学術大会（監修者注・日本心理学会第68回大会）があり、そこでソシオン理論についてのシンポジウムがあるということで、学会のお手伝いがてら話を聞いていました。たいへん「たいへんそうな」お話だな、と思ったことを覚えています。

その後、縁あって発表者の先生方とお話しする機会に恵まれました。先生方は、次の目標としてソシオン理論の解説書を出版されるプランを検討中で、その会議に素人の私を呼んでくださったのです。なんでも解説書のほうは、専門家ではなく、ふつうの大学生をターゲットにしているということで、私のような（当時も今も！）心理学の右も左もわからない者の意見が貴重だといってくださったのでした。

「まえがき」のところに書かれてありますように、その解説書は『ソシオン理論入門』として、本書と同時に発刊されることになっています。その原稿を見せていただいたときに、「私には、なんだか難しゅうございます」と正直に私の気持ちをお話ししたところ、先生の一人が「じゃあ君が書いてみろ」とおっしゃいました。

そういわれましても、素人の私にソシオン理論という、ややこしそうな理論の解説書など書けるわけがございません。そう申しましたら、その先生は、「いままで君が経験した出来事やエピソードのなかで、人間関係にかかわりそうな事柄について書いていけば、おのずとそれはソシオン理論の核心に到達するようなものになるだろう」とおっしゃるのです。

私は、レポートをまとめるような感じで、いままで母・カトリーヌから聞いていた話や子供のころから書き続けていた日記をもとに、ソシオン理論に関係するような話はあるかしら、と思いながら筆を進めていきました。

この一冊を書き始めてみて、私は、人生という旅がたいへん楽しいものであることに改めて気づきました。そして、私の父や母、弟や友人の生涯の物語を読んでみたいと思うようになりました。私の人生だけでは短すぎるから、この本には両親のエピソードというかたちで、多少フィクションも交えてお話を紡ぎましたが、平凡な人間の人生でも「人間」や「社会」、「こころ」を抜きにして語れるシーンはひとコマもありませんでした。ソシオン理論は、それらをなるべく活き活きと、ダイナミックなものはダイナミックなままでとらえようとしている試みであるということが、この物語を書きながらわかってきたように思います。

この本を書きあげるにあたりまして、北大路書房編集部の柏原隆宏さんにはたいへんお世話になりました。つたない私の手書きの原稿に辛抱強くつきあってくださり、ときに叱咤激励を交えながら適切なアドバイスをいただくことがなければ、とても最後まで書きあげることはできなかったと思います。また、かわいいイラストを描いてくださいました野添貴恵さん、ありがとうございました。この本を作るためにかかわってくださいましたすべてのみなさまに感謝しております。

自分のお話に、心理学理論からのコメントがつけられるとは思いもかけぬことでしたので、うれしいやら恥ずかしいやらですが、読者のみなさまのこころにすこしでも「荷重」をのこすことができれば、こんなにうれしいことはありません。

これからもソシオン理論をどうぞよろしくおねがいします。

二〇〇六年三月

千　里

ソシオンジュニア研究会
ソシオン理論に関する研究会のうちのひとつ。メンバーは、心理学者・社会学者ら数名。主に関西圏で研究会を時々開いている。略称ジュニ研。

カトリーヌちゃんのサイコロ
ソシオン理論で読み解く人間関係

2006年4月1日　初版第1刷印刷　　定価はカバーに表示してあります。
2006年4月10日　初版第1刷発行

著　　者　関阪千里
監 修 者　ソシオンジュニア研究会
発 行 所　㈱北大路書房
〒603-8303　京都市北区紫野十二坊町12-8
電　話　(075) 431-0361(代)
FAX　(075) 431-9393
振　替　01050-4-2083

印刷／製本　亜細亜印刷㈱

ISBN4-7628-2501-8　　Printed in Japan